PAPA
LEÃO XIV

Saverio Gaeta

PAPA LEÃO XIV

A HISTÓRIA DO NOVO PAPA

E OS DESAFIOS QUE AINDA VIRÃO

Tradução
Dandara Morena

Planeta

Título original: POPE LEO XIV, The Story of the new Pope

Preparação: Beatriz Camacho
Revisão: Wélida Muniz
Projeto gráfico e diagramação: Daniel Justi
Capa: PEPE nymi
Imagem de capa: Vatican Media
Adaptação de capa: Daniel Justi

DADOS INTERNACIONAIS DE CATALOGAÇÃO NA PUBLICAÇÃO (CIP)
ANGÉLICA ILACQUA CRB-8/7057

Gaeta, Saverio
Papa Leão XIV: a história do novo papa e os desafios que ainda virão/ Saverio Gaeta; tradução de Dandara Morena. – São Paulo: Planeta do Brasil, 2025. 192 p.

ISBN 978-85-422-3707-8
Título original: *Papa Leone XIV*

1. Papado – História 2. Leão XIV, papa, 1955-
I. Título II. Morena, Dandara

25-2706 CDD 262.13

Índice para catálogo sistemático:
1. Papado - História

MISTO
Papel | Apoiando o manejo florestal responsável
FSC® C005648

Ao escolher este livro, você está apoiando o manejo responsável das florestas do mundo e outras fontes controladas

2025

EDITORA PLANETA DO BRASIL LTDA.
Rua Bela Cintra, 986, 4º andar – Consolação
São Paulo, SP – CEP 01415-002
www.planetadelivros.com.br
faleconosco@editoraplaneta.com.br

Já nos primeiros dias do pontificado,
senti o dever
e um desejo profundo
de ir até Genazzano, ao santuário
de Nossa Senhora do Bom Conselho,
que durante toda a minha vida
me acompanhou
com sua presença materna,
sua sabedoria
e o exemplo do seu amor pelo Filho
que sempre é o centro da minha fé.
Caminho, verdade e vida.[1]
Obrigado, Mãe, por tua ajuda,
me acompanhe nesta nova missão.

Papa Leão XIV – 10 de maio de 2025

(Assinatura no livro de visitas do santuário de Genazzano, na região do Lácio, na primeira saída do Papa Prevost do Vaticano)

---

1 "Jesus lhe respondeu: 'Eu sou o caminho, a verdade e a vida; ninguém vem ao Pai senão por mim.'" (São João 14:6)

CAPÍTULO 1

A hora do 267º pontífice

Às 19h12 da quinta-feira, 8 de maio de 2025, entre os aplausos iniciais da multidão reunida na praça depois da fumaça branca da chaminé da Capela Sistina e das badaladas festivas dos sinos de São Pedro, que minutos após as 18 horas haviam anunciado o evento, a tradicional proclamação em latim "*Annuntio vobis gaudium magnum*" [Anuncio-vos uma grande alegria], seguida de "*Habemus Papam*" [Temos um papa], ressoou mais uma vez da varanda externa da Basílica do Vaticano.

A fórmula data de seis séculos atrás quando, em 1417, Martinho V tornou-se papa e finalmente se restabeleceu a união da Igreja em torno de um único pontífice, dando fim aos trinta e nove anos do Grande Cisma do Ocidente, que havia testemunhado três pretendentes competirem pela Cátedra de São Pedro. A escolha do texto foi inspirada no Evangelho de São Lucas, no qual um anjo anuncia aos pastores o nascimento de Jesus.

De acordo com uma antiga tradição, o Colégio Cardinalício subdivide-se em três ordens: bispos, sacerdotes e diáconos. E cabe exatamente ao cardeal protodiácono (o diácono mais antigo nas funções) – neste caso, o arcebispo francês Dominique Mamberti – pronunciar essas frases curtas, mas determinantes, prosseguindo com a revelação do nome do eleito: "*Eminentissimum ac reverendissimum dominum, dominum Robertum Franciscum, Sanctae Romanae Ecclesiae cardinalem Prevost*" [O eminentíssimo e reverendíssimo senhor, senhor Robert Francis, cardeal Prevost, da Santa Igreja Romana].

A proclamação continua, enquanto propagam-se aos poucos pela praça algumas informações sobre quem foi eleito, sugeridas por aqueles que haviam reconhecido o nome e já conseguiam lhe atribuir um rosto, até chegar à apoteose: "*qui sibi nomen imposuit Leonem XIV*" [que se impôs o nome de Leão XIV). Logo, Papa Francisco permanece, por ora, sem o numeral, visto que o I só será acrescido a seu nome quando um sucessor o assumir novamente, chamando-se Francisco II.

Uma maioria inédita

Cerca de uma hora antes, no sigilo da Capela Sistina, os aplausos dos cardeais haviam marcado o momento no qual o recém-eleito conseguira a maioria requisitada de dois terços dos eleitores presentes: os 89 votos necessários dos 133 votantes deste Conclave para cumprir o regulamento fixado por João Paulo II na *Universi dominici gregis* [Todo o rebanho do Senhor] de 1996, que teve algumas poucas normas atualizadas por Bento XVI na *Normas nonnulas* [Algumas normas] de 2013 e que nunca foi alterada por Francisco, embora muitos rumores tenham corrido sobre sua suposta intenção de reduzir a maioria de dois terços para a simples metade mais um dos votantes.

Alguns minutos depois, aquele que até o começo da *sede vacante* era o prefeito do Dicastério para os Bispos pronunciou o tradicional "*Accepto*" [Aceito]: a fórmula por meio da qual ele aceitava a vontade recém-manifestada pela maioria absoluta dos confrades que o haviam convocado para ser o 267º papa da história. Quem lhe fez a pergunta da aceitação e, em seguida, a da escolha do nome fora o cardeal Pietro Parolin, que se tornou o primeiro na ordem dos cardeais bispos, substituindo o decano Giovanni Battista Re e o vice-decano Leonardo Sandri, ambos excluídos da Capela Sistina por terem mais de oitenta anos.

E assim iniciou-se um pontificado que confirma pela quarta vez seguida na Cátedra de São Pedro um cardeal não italiano, depois que, em 1978, a eleição do polonês Karol Wojtyła (João Paulo II) interrompeu uma tradição que perdurava desde 1523, após o falecimento do holandês Adriaan Florenszoon Boeyens d'Edel (Adriano VI), e prosseguiu com as sucessivas designações do alemão Joseph Ratzinger (Bento XVI), em 2005, e do argentino Jorge Mario Bergoglio (Francisco), em 2013, o primeiro papa não europeu.

Os símbolos da autoridade

Enfim, às 19h23, Leão XIV apresentou-se ao mundo, coberto pelos paramentos papais, que vestira com a ajuda do mestre das Celebrações Litúrgicas do Sumo Pontífice, Diego Ravelli, na chamada "Sala das Lágrimas", o pequeno cômodo adjacente à Capela Sistina, onde eventualmente o novo papa pode dissolver a tensão do momento.

Vestiu a batina branca (que representa a pureza do santo padre), a mozeta vermelha (capa curta que cobre o busto e os braços, símbolo da autoridade do pontífice) e a estola vermelha (longa faixa coberta de ouro que pende do pescoço pelos dois lados do peito até o joelho, elemento distintivo de sua suprema dignidade universal).

O Papa Bergoglio, ao contrário, limitou-se à batina, interrompendo um costume que remontava ao Papa Leão IX, em 1048, e que já era mencionado no *Dictatus papae* de 1075: "Somente o papa pode usar a capa vermelha em sinal de autoridade e martírio", evocando o manto escarlate que os soldados do governador puseram em Jesus no pretório; o pano branco, por sua vez, refere-se a sua ressureição: "Vesti a túnica branca de Cristo", declarou, por exemplo, Pio II em 1458. No *Rationale divinorum officiorum* de 1280, Guglielmo Durando pontuou: "O Sumo Pontífice se apresenta sempre vestido com um manto vermelho no exterior, porém, ao interno, está coberto de vestimentas brancas, pois a brancura significa inocência e caridade, o vermelho externo simboliza a participação na paixão (de Cristo). De fato, o papa representa Aquele que, por nós, deixou vermelha sua roupa".

Até João Paulo II, em 1978, era costume o papa não pronunciar outras palavras além daquelas da benção solene *Urbi et orbi* [à cidade (de Roma) e ao mundo]. O Papa Wojtyła dera início a uma nova modalidade, provocando até a perplexidade do cerimonialista que segurava o microfone, quando, em um inesperado ótimo italiano, entoou que os cardeais o haviam "chamado de um país distante". Mensagem evocada novamente por Francisco, em 2013, quando ele disse que seus irmãos de fé haviam "ido buscá-lo quase no fim do mundo".

O Papa Leão XIV foi ainda mais além, apresentando-se pela primeira vez com um discurso escrito, enunciado em um ótimo italiano e finalizado em oito minutos, antes de dar sua primeira benção *Urbi et Orbi*. E suas palavras, introduzidas por uma saudação extremamente atual – "Que a paz esteja com todos vocês" –, provocaram sentimentos de comoção e de grande esperança e confiança.

Uma velocidade surpreendente

A rapidez da eleição, depois de dois dias e somente quatro votações, acabou com as hipóteses da véspera, que imaginavam uma duração parecida apenas se o eleito fosse um dos "papáveis" mais apreciados pelos especialistas no Vaticano: o já secretário de Estado Pietro Parolin; o patriarca latino de Jerusalém Pierbattista Pizzaballa; o pró-prefeito do Dicastério para a Evangelização, Luis Antonio Gokim Tagle; ou o arcebispo de Bolonha, Matteo Maria Zuppi. Entretanto, a harmonia no Colégio Cardinalício mostrou-se acima de qualquer previsão, superando a difícil maioria de dois terços em um tempo recorde.

Entre as somente dez horas necessárias para a eleição de Júlio II na madrugada entre os dias 31 de outubro e 1º de novembro de 1503 (graças também a um acordo econômico com César Bórgia para obter os votos dos cardeais ligados a ele) e os 1006 dias necessários para eleger Gregório X – de 29 de novembro de 1268 a 1º de setembro de 1271 (quando os habitantes da cidade de Viterbo chegaram a abrir o teto da sala em que transcorria a votação) –, nesta circunstância recente também respeitou-se a tradição dos Conclaves pós-Concílio Vaticano II, que sempre testemunharam a oscilação entre os dois dias de João Paulo I (1978, com 4 votações), Bento XVI (2005, com 4 votações) e Francisco (2013, com 5 votações), e os três dias de Paulo VI (1963, com 6 votações) e João Paulo II (1978, com 8 votações).

E isso mesmo com o número recorde de 133 cardeais ingressos na Capela Sistina para a eleição – dois a menos do que os eleitores previstos, por causa da ausência do espanhol Antonio Cañizares Llovera e do queniano John Njue –, em comparação com os 115 dos últimos dois Conclaves, em 2005 e em 2013. Na verdade, de acordo com o regulamento em vigor, "o número máximo de cardeais eleitores não deve superar 120", mas a norma entra em conflito com a próxima: "nenhum cardeal eleitor poderá ser excluído da eleição ativa ou passiva por nenhum motivo ou pretexto". Por isso, no dia 30 de abril, a congregação dos cardeais resolvera o dilema ao estabelecer que "Francisco, ao criar um número de cardeais acima de 120, no exercício de sua suprema autoridade, dispensou tal disposição legislativa, e logo os cardeais excedentes do número limite adquiriram o direito de eleger o pontífice romano".

Os admitidos e os excluídos

Na mesma reunião, foi levada em consideração a vontade de não participar da votação, manifestada pelo cardeal Giovanni Angelo Becciu – condenado em primeira instância por um tribunal do Vaticano, em dezembro de 2023, a 5 anos e 6 meses de reclusão por desfalque e abuso do cargo na gestão dos fundos da secretaria de Estado do Vaticano – com um comunicado pesaroso (considerando que continuam a pairar sombras sobre esse processo, as quais deverão ser esclarecidas em instância posterior): "Tendo no coração o bem da Igreja, a qual servi e continuarei servindo com fidelidade e amor, e também para contribuir com a comunhão e com a serenidade do Conclave, decidi obedecer, como sempre fiz, a vontade do Papa Francisco de não entrar no Conclave, embora permaneça convencido da minha inocência". E procurou sair de cabeça erguida, exprimindo "apreço pelo gesto feito por ele" e desejando "que os órgãos de justiça competentes possam esclarecer os fatos de uma vez por todas".

Curioso foi o caso singular de Philippe Nakellentuba Ouédraogo, de Burkina Faso, que até o *Annuario vaticano* de 2024 aparecia como nascido no dia 25 de janeiro de 1945, o que o teria excluído do Conclave. Contudo, na edição deste ano, sua data de nascimento aparece como sendo dia 31 de dezembro de 1945, o que o manteve no leito dos eleitores. A explicação foi que, na época de seu nascimento, não existiam registros civis no país, de modo que, no momento da ordenação sacerdotal, em 1973, ele escolhera junto ao ecônomo da diocese uma data ao acaso, útil para fins administrativos; porém, recentemente, Burkina Faso lhe concedeu uma nova data oficial. Por sua vez, o indiano George Alencherry não pôde entrar por apenas dois dias, tendo completado os oitenta anos no dia 19 de abril.

Entre o Conclave de 2013 e o de 2025, poucos dados bastam para que se compreenda a dimensão das intervenções de Francisco em relação aos eleitores do Colégio Cardinalício: a Europa perdeu dois (de 60 para 58, com a Itália perdendo 9, e a Alemanha, 3) e a América do Norte perdeu um (de 17 para 16); a América Central ganhou um (de 3 para 4), e a do Sul, quatro (de 13 para 17, 2 dos quais concedidos para a Argentina); a África ganhou cinco (de 11 para 16); enquanto a Ásia os dobrou (de 10 para 20), e a Oceania os triplicou (de 1 para 3). Porém ainda mais relevante é o fato de que 22 cardeais são originários de países que tiveram um representante pela primeira vez, e quinze deles entraram na Capela Sistina. Vindos de setenta países (poderiam ser 71, se não fosse a ausência do queniano Njue), a viagem mais longa coube ao bispo Soane Patita Paini Mafi, isolado na ilha de Tonga, no meio do oceano Pacífico, que precisou de mais de 34 horas para chegar.

A vitória da estatística

A escolha do Papa Bergoglio de privilegiar nomeações nas "periferias do mundo", como amava defini-las, teve como consequência significativa a ausência no Conclave de locais tradicionalmente cardinalícios: basta pensar que não estiveram presentes o arcebispo de Milão (que apenas no século XX forneceu dois papas: Pio XI e Paulo VI) e o patriarca de Veneza (que tem três papas na conta: Pio X, João XXIII e João Paulo I). O mesmo aconteceu com Paris, Toledo, Berlim, Cracóvia, Praga, Los Angeles, Sidney, mencionando apenas algumas dentre as principais sedes. E até na Cúria Romana faltavam o arquivista e o bibliotecário da Santa Igreja Romana, o prefeito do Dicastério para os Textos Legislativos, o segundo pró-prefeito do Dicastério para a Evangelização.

Ainda que a Igreja não seja uma democracia representativa, é evidente que essas ausências tiveram um peso, visto que, em geral, existem eclesiásticos de grande autoridade e preparação em sua liderança. Por outro lado, o próprio Bergoglio tinha conhecimento disso, ao ponto de ter afirmado entre as poucas confidências de sua autobiografia, *Vida: a minha história através da História*, que: "Por saber que, na época, Buenos Aires era uma sede historicamente cardinalícia, eu esperava que a cor púrpura também chegasse ali: e assim foi. Em 2001, João Paulo II decidiu me escolher como cardeal".

Um problema concreto deste Conclave não foi apenas a lotação, mas também a origem geográfica variada dos muitos purpurados. Isso gerou um baixo grau de conhecimento recíproco, ao ponto de, pela primeira vez na história, os cardeais terem recebido um livro com a foto e o currículo de cada um deles e um crachá para manter preso no peito com nome, sobrenome e a informação se era eleitor ou não.

Apesar da pouca idade de muitos cardeais nomeados por Francisco, a média dos que entraram no Conclave manteve-se levemente abaixo dos 70 anos, alinhada com aquelas dos dois mais recentes, que chegaram a 72, mas inferior à média dos outros do século XX, e bem longe do recorde de 66 anos de média alcançado um século atrás, em 1922, na eleição de Pio XI. Curiosamente, visto que o novo papa tem pouco menos de 70 anos (seu aniversário é dia 14 de setembro), nesse caso, a estatística claramente teve razão.

CAPÍTULO 2

Rumo ao Conclave

"Queridos irmãos e irmãs, preciso anunciar com profunda dor a morte de nosso santo padre Francisco". Com a voz encoberta de emoção, às 9h47 do dia 21 de abril de 2025, Segunda-feira do Anjo, o cardeal Kevin Joseph Farrel anunciou em transmissão televisiva pelo canal do Vaticano o falecimento do pontífice, explicando que: "às 7h35 desta manhã, o bispo de Roma, Francisco, retornou à casa do Pai. Sua vida inteira foi dedicada ao serviço do Senhor e de sua Igreja. Ele nos ensinou a viver os valores do Evangelho com fidelidade, coragem e amor universal, particularmente a favor dos mais pobres e marginados. Com imensa gratidão pelo seu exemplo como discípulo verdadeiro do Senhor Jesus, recomendamos a alma do Papa Francisco ao infinito amor misericordioso de Deus Uno e Trino".

Ao lado do cardeal Farrell, cujo papel de camerlengo da Santa Igreja Romana basicamente lhe concedeu a tarefa de liderar o período da *sede vacante* (ou seja, aquele de transição entre a morte do Papa Bergoglio e a eleição do sucessor no pontificado), estavam o cardeal Pietro Parolin (secretário do Estado do Vaticano), o arcebispo Edgar Peña Parra (substituto da secretaria do Estado) e o arcebispo Diego Ravelli (mestre das Celebrações Litúrgicas Pontifícias), como que para dar uma imagem estética da integridade do governo da Igreja no momento da partida do pontífice e na preparação das cerimônias fúnebres e do Conclave para a eleição do novo papa.

A notícia caiu como um balde de água fria sobre os fiéis católicos, mas também sobre inúmeras outras pessoas que, menos de vinte e quatro horas atrás, haviam assistido em transmissão exibida mundialmente, no domingo de Páscoa, a tradicional bênção *Urbi et Orbi* dada pelo próprio Francisco, embora sentado em uma cadeira de rodas. Todavia, nessa ocasião, todos puderam tomar ciência de que sua condição de saúde estava decaindo: a fixidez da expressão facial e a rigidez dos braços, erguidos com dificuldade para fazer o sinal da cruz, foram o que mais impressionaram.

Contudo, logo depois, Papa Bergoglio exigira que sua vontade irredutível fosse respeitada ao pedir à sua "sombra" nos últimos meses, o cuidador pessoal Massimiliano Strappetti, que o conduzisse com o papamóvel até os fiéis no hemiciclo da Praça São Pedro: "Obrigado por ter me levado até a praça", será a lembrança comovente, confidenciada pelo próprio enfermeiro-chefe, das últimas palavras que lhe foram ditas pelo pontífice.

Um novo "relâmpago no céu sereno"

Nas semanas anteriores, até mesmo para Francisco, o hospital romano Gemelli tinha se tornado o "Vaticano número 3", como o havia definido de forma irônica João Paulo II, em 1996, após sua milésima recuperação. Na verdade, desde que Wojtyła inserira no segundo lugar da lista a residência de veraneio do Castelo Gandolfo (aonde Bergoglio foi apenas duas vezes sem nunca pernoitar, ao ponto de terem transformado as Vilas pontifícias em museu), verificou-se formalmente uma promoção do hospital a "número 2", já que, nos documentos com a data dos dias de internação, estava indicado como local de assinatura o próprio hospital, que se tornou, para todos os efeitos, uma nova sede de trabalho do pontífice.

Embora a internação tenha chegado como um *relâmpago* em céu sereno, no dia 14 de fevereiro, o sucinto comunicado emitido pela Sala de Imprensa do Vaticano colocava fim a uma série de rumores que, já havia algumas semanas, corriam a respeito das condições de saúde do papa, que apresentava uma dificuldade respiratória cada vez mais evidente. Após as primeiras declarações tranquilizantes, que assinalavam apenas "a escalada da bronquite nos últimos dias", seguiu-se, no dia 17, um boletim bem mais severo, com a atualização relativa a "uma infecção polimicrobiana das vias respiratórias (com) um quadro clínico complexo que exigirá uma hospitalização adequada", até sair o diagnóstico mais preciso, no dia 18, depois de uma tomografia torácica que revelou "o início de uma pneumonia bilateral".

O problema principal para os médicos foi ajustar a terapia farmacológica, já que, de acordo com a explicação do doutor Massimo Andreoni, diretor-científico da Sociedade italiana de doenças infecciosas, "a infecção se deu por causa de diversos germes e a concomitante componente asmática pede o tratamento com cortisol, o que, por um lado, reduz os sintomas dessa patologia, mas, por outro, leva a uma redução das defesas do organismo, bem no momento em que é preciso combater as bactérias". E, no dia 22, após uma grave crise respiratória, deu-se início à administração de oxigênio de alto fluxo.

Nos dias 28 de fevereiro e 3 de março ocorreram os episódios mais críticos, descritos como momentos dramáticos nos quais os médicos temeram que o paciente não fosse resistir: no primeiro caso, devido a "uma crise isolada de broncoespasmo, que determinou um episódio de vômito com inalação e uma piora repentina do quadro respiratório"; no segundo, devido a "dois episódios de insuficiência respiratória aguda, motivados por um acúmulo importante de muco endobronquial e um consequente broncoespasmo, com a necessidade de duas broncoscopias com aspiração de secreções abundantes".

Na noite de 7 de março, um pouco antes da então tradicional reza do Rosário pela saúde do papa, foi divulgado um áudio no qual Francisco, em espanhol e com a voz fraca e a respiração pesada, agradecia "de todo o coração pelas orações que fazem pela minha saúde na praça". Bem aos poucos, a lenta melhora prosseguiu, até que, no dia 22, chegou o anúncio de que Francisco teria alta no dia seguinte, com a prescrição de um período de repouso em convalescência de pelo menos dois meses. Contudo, a observação do coordenador da equipe médica, Sergio Alfieri, foi honesta: "Quando ele foi embora, prometeu não jogar fora o esforço feito. Acontece que ele é o papa, e não somos nós quem podemos ditar seu comportamento".

O desejo de compartilhar

De fato, Francisco havia deixado bem claro para a equipe que cuidava dele no hospital Gemelli que desejava morrer em casa. Para ele, isso significava o quarto 201 de Santa

Marta, onde tinha decidido morar logo depois de sua eleição, renunciando ao tradicional apartamento no Palácio Apostólico, aquele com vista para a praça e usado aos domingos para a recitação do *Angelus*. Uma vez entendido que a situação era crônica e irreversível, pode-se imaginar que ele considerou insensato permanecer no hospital apenas para poder reagir, como havia feito em ocasiões anteriores. "Ainda estou vivo!", para a pergunta banal: "Como está?"

Aliás, ele próprio, no outono de 2016, confidenciara: "Tenho a sensação de que meu pontificado será breve, quatro, cinco anos. É uma sensação um pouco vaga... talvez não seja assim... mas tenho a sensação de que o Senhor me botou aqui por pouco tempo. Mas é uma sensação, então deixo sempre abertas as possibilidades".

Durante os quase trinta dias entre 23 de março e 20 de abril, a confirmação da observação de Alfieri era praticamente diária. Já no percurso de volta ao Vaticano, Francisco havia imposto o primeiro desvio, prolongando o trajeto até a basílica de Santa Maria Maior, a fim de entregar um buquê de flores a ser colocado no altar da Virgem *Salus Populi Romani* (a venerada ícone "Salvadora do povo romano").

Em 6 de abril, no domingo do Jubileu dos Enfermos e o Mundo da Saúde, Francisco uniu-se aos peregrinos e dirigiu aos fiéis na praça uma saudação, após ter recebido o sacramento da reconciliação e ter atravessado a Porta Santa. Na homilia da Missa, preparada por ele e lida pelo arcebispo Rino Fisichella, utilizou palavras sinceras: "Com vocês, queridos irmãos e irmãs enfermos, compartilho muito minha vida neste momento: a experiência da enfermidade, de se sentir fraco, de depender dos outros para muitas coisas, de precisar de apoio. Nem sempre é fácil, mas é uma escola em que aprendemos todo dia a amar e ser amado, sem reclamar e sem rejeitar, sem lamentar e sem desesperar, gratos a Deus e aos irmãos pelo bem que recebemos, entregues e confiantes naquilo que ainda está por vir".

No dia 10 de abril, fez uma aparição surpreendente na Basílica de São Pedro, quando surgiu em uma cadeira de rodas e com uma vestimenta incomum (sem a batina branca, mas com um poncho argentino e calça preta), querendo ver o resultado das restaurações em andamento e rezar sobre a tumba de São Pio X. No entanto, uma escapada até a Santa Maria Maior caracterizou o dia 12 de abril, para a realização de uma oração diante da *Salus Populi Romani*. No domingo de Ramos, também houve uma descida não programada até a Praça de São Pedro: depois dos cumprimentos aos peregrinos, alguns minutos de oração diante da tumba do apóstolo e do monumento sepulcral de Bento XV.

A vontade de respeitar a tradição da visita aos detentos na jornada da Quinta-feira Santa o levou, no dia 17 de abril, até a casa de detenção Regina Coeli: "Gosto de fazer todos os anos o que Jesus fez, a lavagem dos pés, na prisão. Não consigo fazer este ano, mas posso e quero estar perto de vocês". Para quem lhe perguntava como passaria a Páscoa, respondia: "Vou passá-la como posso".

Em relação à Via-Crúcis da Sexta-feira Santa no Coliseu, no dia 18 de abril, Francisco quisera escrever pessoalmente as meditações. E quem sabe se, ao escrever aquela sobre o "cireneu" que fora forçado pelos soldados a levar a cruz de Jesus pela dolorosa estrada do Calvário, sua mente não tenha se voltado para quando ele próprio se encarregou da cruz do pontificado (e talvez pensando também em seu próximo sucessor): "Não se ofereceu, eles o pararam. Tinha o físico adequado, mas com certeza sua direção era outra, seu plano era outro. Com Deus, podemos nos chocar assim. E vale até hoje: enquanto alguém oferece tudo de si, pode estar em outro lugar, até em fuga, ou pode se aproximar. Simão de Cirene se viu sob Tua cruz sem tê-la pedido, como o jugo do qual um dia havia falado: 'meu jugo é suave e meu peso é leve'[1].

No Domingo de Páscoa, tão esperado pelos peregrinos e por todos aqueles que estavam diante da televisão em cada parte do mundo, a última aparição pública, com a bênção *Urbi et Orbi* e a volta no papamóvel pela praça e pela Via della Conciliazione.

As horas finais

Na manhã seguinte, 21 de abril, o despertar por volta das 5h30 da manhã. Cerca de uma hora mais tarde, o papa se sentiu mal devido a um derrame, provavelmente do tipo hemorrágico (ou seja, causado pela ruptura repentina de uma artéria cerebral), que logo o fez entrar em coma e, em um arco de meia hora, o levou à morte. Não estando ligado diretamente aos problemas respiratórios que o afligiam havia algum tempo, ele pode ter sido provocado por um pico de hipertensão.

A dúvida sobre a eficacia de uma eventual intervenção imediata na *stroke unit*, a estrutura especializada no tratamento de transtornos cerebrovasculares agudos, caso ele ainda estivesse em recuperação no hospital, foi respondida

1 São Mateus 11:30.

pela professora Elena Bignami, presidente da Sociedade italiana de anestesia e reanimação: "Nada poderia ter sido feito. Ele teve um problema neurológico devastador, que o levou rapidamente ao coma". Além disso, a professora explicou que o Santo Padre não sofreu.

Baseado em como foram seus últimos dias de vida, essa foi provavelmente a morte "em campo" que Francisco desejava. E, nos dias seguintes, o cardeal Giovanni Battista Re revelou que Francisco havia desmentido para ele os rumores sobre a própria renúncia, dizendo-lhe que nunca a faria porque "fui eleito por vontade do Espírito Santo. Se precisasse abdicar, isso seria um gesto rude, para dizer o mínimo. O que jamais farei".

Na declaração de óbito oficial, o professor Andrea Arcangeli, diretor da Diretoria de Saúde e Higiene do Estado da Cidade do Vaticano, certificou que o falecimento fora causado por "acidente cerebrovascular, coma e colapso cardiocirculatório irreversível, em sujeito afetado por anterior episódio de insuficiência respiratória aguda em pneumonia multimicrobiana bilateral, bronquiectasias múltiplas, hipertensão arterial e diabete tipo 2".

Mesmo que o recorde de longevidade de Leão XIII, falecido em 1903 aos 93 anos e 4 meses, fosse realmente difícil de superar, Francisco, com seus 88 anos e 4 meses, ocupa agora o segundo lugar, seguido de Clemente XII que, em 1740, parou com 87 anos e 9 meses. Quem deu uma mão para que ele subisse mais ao pódio foi seu predecessor, Bento XVI, que, se tivesse permanecido na Cátedra de São Pedro até a morte, teria superado todos com seus 95 anos e 8 meses; contudo, no momento da renúncia, ele tinha apenas 85 anos e 10 meses, garantindo o quinto lugar.

Na abertura do testamento, descobriram que ele já o havia redigido em 29 de junho de 2022, "sentindo que o pôr do sol da minha vida terrena se aproxima e com viva esperança na Vida Eterna". Nele, lê-se o motivo que o impulsionou a ser sepultado na Santa Maria Maior: "Sempre confiei à Mãe do nosso Senhor, Maria Santíssima, minha vida e o ministério sacerdotal e episcopal. Desejo que minha última viagem terrena se encerre exatamente nesse antiquíssimo santuário mariano, aonde me dirigia para rezar no início e no fim de cada viagem apostólica para entregar com confiança minhas intenções à Mãe Imaculada e lhe agradecer pelo cuidado gentil e materno". E concluiu: "Que o Senhor dê a recompensa merecida àqueles que me amaram e continuarão a rezar por mim. Ofereci ao senhor o sofrimento que se fez presente na última etapa da minha vida para a paz no mundo e a irmandade entre os povos".

O último legado de Francisco

O funeral ocorreu seguindo os novos rituais das exéquias, estipulados em documento publicado em novembro de 2024 pelo Departamento das Celebrações Litúrgicas Pontifícias. Em comparação com o passado, a cerimônia se desenrolou com mais simplicidade, explicou o mestre monsenhor Diego Ravelli, pois: "Francisco pediu que alguns rituais fossem simplificados e adaptados para que a celebração das exéquias do bispo de Roma expressasse melhor a fé da Igreja no Cristo ressuscitado. O ritual renovado, além disso, deveria evidenciar ainda mais que as exéquias do romano pontífice são as de um pastor e discípulo de Cristo e não as de um poderoso deste mundo". Entre outras coisas, isso implicou que o corpo do papa fosse depositado em um caixão de madeira e zinco, enquanto no passado eram três os caixões: um de cipreste, um de zinco e um de carvalho.

Após dois dias de exposição na capela da sua residência, a Casa Santa Marta, os restos mortais do pontífice foram acompanhados em procissão pela Basílica Vaticana, entre cantos, leituras e orações, até o Altar da Confissão, diante do qual o caixão foi exposto sem tampa das 11 horas da manhã do dia 23 de abril até as 18 horas do dia 25, exceto as poucas horas noturnas necessárias para a limpeza da basílica. Segundo as estimativas da Sala de Imprensa do Vaticano, prestaram homenagem ao Papa Bergoglio cerca de 250 mil pessoas, muitas das quais lotaram depois a Praça de São Pedro, a Via della Conciliazione e arredores durante os dias do funeral.

Na noite do dia 25, o cardeal camerlengo Farrell realizou em São Pedro o ritual do fechamento do caixão, colocando dentro dele o Rogito, documento que narra resumidamente a existência terrena do Papa Bergoglio e relembra os momentos mais simbólicos e significativos, junto com as moedas cunhadas durante os doze anos, um mês e oito dias do seu pontificado.

A solene e emocionante cerimônia fúnebre do dia 26 de abril foi presidida pelo cardeal Re diante de numerosos representantes de outras denominações cristãs e de outras religiões, junto a 160 delegações oficiais, nas quais se destacavam o presidente italiano Mattarella, o estadunidense Trump, o alemão Steinmeier, o argentino Milei, o francês Macron, o brasileiro Lula, o ucraniano Zelensky, os representantes da União Europeia Costa, von der Leyen e Metsola, os reis Filipe da Bélgica e Felipe VI da Espanha, os príncipes Albert II de Mônaco e William do Reino Unido. De impacto mundial, foi o encontro privado dentro da basílica entre Trump e Zelensky, que deu início a novas conversas de paz em relação ao conflito entre Rússia e Ucrânia, quase um último legado de Francisco.

Na homilia, o cardeal Re elaborou uma reflexão sobre as principais articulações do pontificado de Francisco, começando pela decisão de assumir como papa esse nome inédito, que "logo surge como a escolha de um programa e de um estilo, buscando se inspirar no espírito de São Francisco de Assis"; em seguida, recordou alguns dos pontos fundamentais de seu magistério, entre eles "em contraste com aquela que definiu como "a cultura do descarte', a cultura do encontro e da solidariedade" e 'construir pontes e não muros', uma exortação que ele repetiu muitas vezes, unindo o serviço de fé como sucessor do apóstolo Pedro com o serviço do homem em todas suas dimensões".

A homenagem da sua gente

O translado do caixão sobre o papamóvel adaptado para a circunstância, ao longo de um percurso de seis quilômetros pelo centro histórico de Roma, representou um evento histórico, assistido por cerca de 150 mil pessoas. E, para acolhê-lo, havia na escadaria da entrada da Basílica Santa Maria Maior um grupo de mulheres e homens em situação de rua e carentes, para recordar o ensinamento de Francisco de que "os pobres têm um lugar privilegiado no coração de Deus".

A tumba na qual o Papa Bergoglio foi sepultado se encontra na nave esquerda, no nicho lateral da capela da *Salus Populi Romani*. No bloco de mármore há apenas a inscrição FRANCISCUS e, no alto da parede de fundo, uma reprodução de sua cruz peitoral ampliada. Essa ideia lhe foi sugerida pelo atual arcipreste coadjutor da basílica, o cardeal Rolandas Makrickas, mas no início não obteve retorno: "Ele me respondeu não de cara, dizendo-me que os papas devem ser sepultados na basílica de São Pedro. Mas uma semana depois, me telefonou, dizendo essas palavras: 'A Virgem Maria me disse: Prepare a tumba'".

Depois de terem passado pelo sofrimento da morte e do funeral do papa – situação evitada há doze anos com a renúncia de Bento XVI, mesmo com o esgotamento que havia provocado aquela decisão imprevisível –, a essa altura abriu-se de fato o campo para as reflexões sobre quais traços da Igreja estavam se manifestando no horizonte e, depois, sobre qual imagem de homem e de papa seria a correta para visar o futuro da Igreja.

Mesmo lendo as tantas especulações dos meios de comunicação sobre os possíveis "papáveis", me veio à mente uma reflexão perspicaz do arcebispo Georg Gänswein, fiel secretário de Bento XVI e profundo conhecedor das dinâmicas do Vaticano, no livro *Nada além da verdade:* "Cada membro do Colégio Cardinalício possui – escondida em um canto da mente e do coração – a consciência de que um dia Cristo poderia pedir-lhe que assumisse o papel de seu vigário na Terra. Mas, ao mesmo tempo, a não ser por conta de sérios problemas psiquiátricos, nenhum deles tem realmente a ambição de se sentar na Cátedra de São Pedro, bem conscientes do esforço material e, sobretudo, da responsabilidade espiritual que tal cargo comporta e exige".

De fato, quem aceita a eleição para papa não aceita apenas um cargo diante de um conselho administrativo que lhe propôs um emprego, e sim se declara disponível para liderar a Igreja Católica, comunicando isso formalmente diante do Colégio Cardinalício, jurando seu coração a Jesus Cristo, do qual se torna vigário, e invocando como testemunha São Pedro, do qual é o legítimo sucessor.

Nove dias de orações e sugestões

A rápida aproximação do Conclave é marcada pelas etapas das congregações gerais, reservadas a todos os cardeais – dentre os quais aqueles com mais de oitenta anos, excluídos da votação na Capela Sistina –, e das missas presididas por alguns deles, que assumem o nome de Novendiali, proveniente da antiga tradição romana dos nove dias de luto e oração, com celebrações eucarísticas em sufrágio do pontífice falecido, abertas a todos, mas que preveem a participação de grupos específicos a cada dia.

Trata-se de uma variedade de assembleias que pretendem demonstrar tanto o contexto do ministério do supremo pastor quanto a universalidade da Igreja de Roma. Em sequência, a partir do segundo dia (no primeiro ocorre a missa fúnebre), estão diretamente envolvidos os dependentes e os fiéis da Cidade do Vaticano, a Igreja de Roma, os Capitólios das Basílicas Papais, a Capela Papal, com a concelebração reservada aos cardeais, a Cúria Romana, as Igrejas Orientais, os membros dos Institutos de Vida

Consagrada e da Sociedade de Vida Apostólica e, mais uma vez, a Capela Papal para os cardeais.

As homilias dessas missas representaram uma primeira ocasião para alguns purpurados, após terem tecido elogios ao falecido pontífice, lançarem mensagens mais ou menos veladas, descrevendo as perspectivas e as exigências da Igreja em um tempo definido por todos como problemático, e até mesmo dramático, seja no âmbito religioso, seja no político.

Pietro Parolin, que coincidentemente presidiu a celebração do Jubileu dos Adolescentes e da segunda missa do funeral, chamou a atenção para o olhar da fé em tempos de crise, usando como exemplo Jesus ressuscitado que se apresenta aos discípulos que estão no cenáculo, onde se reuniram por medo: "Pode representar também o estado de ânimo de todos nós, da Igreja e do mundo inteiro. O pastor que o Senhor doou ao seu povo, Papa Francisco, terminou a vida terrena e nos deixou. A dor por sua partida, o sentimento de tristeza que nos assola, o turbilhão que sentimos no coração, a sensação de perda, estamos vivendo tudo isso, como os apóstolos entristecidos pela morte de Jesus. E o Evangelho afirma que, justo nesses momentos de obscuridade, o Senhor vem até nós com a luz da ressureição, para iluminar nossos corações". Uma homilia muito aplaudida pelos tantos fiéis presentes.

Mais direcionadas à "política interna", as palavras do vigário da diocese de Roma, Baldassarre Reina, com evidentes sugestões para o futuro imediato, afirmaram que Jesus "conhece o peso que recai sobre cada um de nós na continuidade da missão, sobretudo enquanto buscamos o primeiro de seus pastores na Terra. Este não pode ser o tempo de ficar em cima do muro, de táticas, prudências, o tempo que cede o instinto de andar para trás, ou pior, de revanches e de alianças de poder, e sim de uma disposição radical de entrar no sonho de Deus concedido às nossas pobres mãos. O que será dos processos iniciados? Nosso dever deveria ser discernir e ordenar o que foi iniciado, à luz do quanto nos demanda nossa missão, na direção de um novo céu e de uma nova terra". Uma clara mensagem aos irmãos cardeais: prosseguir no caminho traçado pelo Papa Bergoglio.

Por sua vez, a homilia com tom bíblico de Mauro Gambetti, arcipreste da Basílica Vaticana, propôs uma interpretação da parábola sobre o Juízo Universal, afirmando, em continuidade ao pensamento de Francisco, que "não é a profissão de fé, o conhecimento teológico ou a prática sacramental que garante a participação na alegria de Deus, e sim o envolvimento qualitativo e quantitativo na existência humana dos irmãos menores. E o valor do humano é a soberania de Jesus de Nazaré, que na sua vida terrena compartilhou em tudo a fraqueza da nossa natureza, até ser rejeitado, perseguido e crucificado. A parábola, de fato, revela a suprema dignidade dos atos humanos, definidos à luz da compaixão, da solidariedade, da ternura, da proximidade à humanidade". Em seguida, Gambetti evocou a necessidade de todos viverem na Igreja, ainda mais em uma época globalizada e secularizada, em nome de uma civilização do amor como instrumento de caridade e de paz.

Leonardo Sandri, vice-decano do Colégio Cardinalício, analisou a perspectiva imediata sob o aspecto espiritual: "Vivemos a passagem entre a conclusão da vida do sucessor de Pedro, Papa Francisco, e a concretização da promessa para que, com o novo derramamento do Espírito, a Igreja de Cristo possa continuar seu caminho entre os homens com um novo pastor". Ao passo que Víctor Manuel Fernández, ex-prefeito do Dicastério para a Doutrina da Fé, usou o contexto da celebração do Dia do Trabalhador, em 1º de maio, para enquadrar a "forte convicção de Papa Francisco: o valor infinito de cada ser humano, uma imensa dignidade que nunca se perde, que não pode ser ignorada ou esquecida em nenhum caso". E Claudio Gugerotti, prefeito do Dicastério para as Igrejas Orientais, denunciou que "muitas vezes nos sentimentos os amos de Deus, os conhecedores perfeitos da verdade, sendo que somos apenas peregrinos a quem foi dada a Palavra, que é o Filho de Deus encarnado, porque aquilo que nos deu o dom de viver na glória de Deus é somente fruto da graça e da infusão do Espírito Santo, que nos faz, de fato, 'espirituais'".

Uma espécie de "convocação às armas" de religiosas e religiosos foi depois lançada por Ángel Fernández Artime, pró-prefeito do Dicastério para os Institutos de Vida Consagrada: "No interior do povo de Deus, as pessoas consagradas são iguais sentinelas que vislumbram e anunciam a vida nova já presente na nossa história. Fomos convocados, por causa de nosso batismo e da profissão religiosa, a testemunhar que apenas Deus concede plenitude à existência humana e que, consequentemente, a nossa vida deve ser um símbolo eloquente da presença do Reino de Deus no mundo de hoje. Logo, somos convocados para sermos no mundo um símbolo crível e luminoso do Evangelho e de seus paradoxos, sem nos conformarmos com a mentalidade deste século, mas, sim, transformando e renovando continuamente nosso trabalho".

No último dia dos Novendiais, a liturgia apresentou exatamente o trecho do Evangelho no qual Jesus ordena a Pedro: "Apascenta as minhas ovelhas".[2] Foi a inspiração usada pelo protodiácono Dominique Mamberti para relembrar aos irmãos presentes na basílica vaticana que "essa missão é o próprio amor, que serve à Igreja e a toda humanidade. Pedro e os apóstolos o assumiram de imediato, com a força do Espírito que tinham recebido na Pentecostes". A missão de liderar uma comunidade que conta com 1 bilhão e 400 milhões de batizados e que, dali a alguns dias, teria um novo pastor.

"Primárias" sem candidatos

Quando morre um papa, os cardeais devem se reunir no Conclave para eleger seu sucessor. Porém, antes da escolha do novo pontífice, reúnem-se nas Congregações Gerais, reuniões diárias em que algumas decisões processuais são tomadas e relações são estreitadas, o que pode influenciar o resultado da eleição. Visto que muitos cardeais não residem em Roma, e que Francisco nomeara 108 deles, muitos originários de zonas geograficamente à margem da Igreja (em particular, a Ásia e a África), um bom número deles nunca havia se encontrado. Por esse motivo, as Congregações foram prolongadas em dois dias, em comparação ao que fora previsto no início.

Ao fazer uma comparação com o Conclave anterior, de 2013, nota-se que, na época, Bento XVI comunicou a

2 São João 21:17.

renúncia em 11 de fevereiro, mas a fez entrar em vigor no dia 28. Portanto, aquelas duas semanas de certa forma se somaram aos sucessivos dez dias anteriores à entrada no Conclave e, ao todo, permitiram o desenvolvimento de algumas candidaturas influentes e compartilhadas, entre as quais posteriormente triunfou a de Bergoglio.

As tensões amadurecidas durante o pontificado de Francisco entre duas vertentes, a dos "conservadores" e a dos "progressistas", para utilizar aqui categorias políticas compreensíveis, mas não totalmente corretas, provocaram ao longo dos anos tomadas de posição acaloradas. Entre elas, destaca-se o memorando que veio à tona em 2022, com a assinatura de Demos, revelando-se depois ser do falecido cardeal australiano George Pell, o qual o transformou, de certa forma, em um "convidado de pedra[3]" (ou poderíamos dizer, ironicamente, "de Pedro", visto o contexto) do pré-Conclave. Nesse texto, que foi mencionado implicitamente em algumas intervenções nas reuniões, indicava-se como primeiras responsabilidades do novo papa "o restabelecimento da clareza doutrinal na fé e na moral, o restabelecimento do respeito justo do direito e a garantia de que o primeiro critério para a nomeação dos bispos fosse a aceitação da tradição apostólica".

3 O termo "convidado de pedra" faz alusão à obra espanhola de Tirso de Molina de nome *O burlador de Sevilha e o convidado de pedra*. Na trama, o famoso personagem literário Don Juan mata o pai de umas de suas vítimas em um duelo; mais tarde, a estátua do pai, que se encontrava no túmulo, ganha vida e leva Don Juan para o inferno. Logo, a estátua na trama possui uma conotação de justiça divina ou moral, ou de um ser implacável e inflexível. Todas essas características podem ser atribuídas ao cardeal George Pell, por sua oposição ao papado de Francisco.

Em março de 2024, um novo memorando, dessa vez assinado por Demos II, ainda anônimo, entrou em detalhes: "A tarefa do próximo pontificado deverá ser recuperar e restabelecer as verdades que foram lentamente ocultas ou perdidas entre muitos cristãos: ninguém é salvo a não ser através de Jesus Cristo. Deus é misericordioso, mas também justo; o homem é uma criatura de Deus, não uma invenção de si mesmo; existem verdades objetivas e imutáveis sobre o mundo e sobre a natureza humana; a Palavra de Deus é confiável e possui força permanente; o pecado é real e seus efeitos são letais; a Sua Igreja possui tanto a autoridade quanto o dever de 'fazer todos os povos de discípulos'".

Nas declarações de alguns purpurados influentes, já estava presente o conhecimento dessa questão, tanto que o cardeal Gianfranco Ravasi, um dos maiores apoiadores do pontificado anterior, afirmou que Francisco sabia que a Igreja "estava se dissolvendo" e, por isso, sua recomendação para o novo papa foi de "conservar a pluralidade sem que isso signifique divisão". Da mesma forma, o cardeal Camillo Ruini, mais ligado aos pontificados João Paulo II e Bento XVI, relatou ter alertado nos anos recentes sobre "algumas ameaças à unidade e à comunhão da Igreja; para superá-las, e trazer à plena luz aquela que amo chamar de 'forma católica' da Igreja, é determinante, mais uma vez, a caridade recíproca, mas também é importante reacender o conhecimento de que a Igreja, como todo corpo social, tem suas regras, as quais ninguém pode ignorar e sair impune".

Obviamente, em vários outros pontificados anteriores, ocorreram divergências, algumas até sangrentas, dentro dos cômodos sagrados. Mas a informação coletiva era extremamente menor no passado, ao passo que durante a época do Papa Bergoglio, a publicação, sobretudo nas redes sociais, de conflitos na comunidade eclesiástica levou a um distanciamento que despertou o temor recorrente da possibilidade de um cisma. Por isso que a necessidade de uma "pacificação" não soou estranha nas reflexões propostas por diversos eleitores no pré-Conclave.

Na meditação costumeira para os conclavistas, o sacerdote beneditino Donato Ogliari propôs, além de conhecimentos espirituais e reflexões sobre problemáticas sociopolíticas atuais, um olhar aguçado para as questões internas da Igreja, como a rarefação das vocações para a vida sacerdotal e religiosa, a árdua pesquisa de novas linguagens e abordagens pastorais que falem de maneira eficaz com o homem de hoje, o repensar do modelo de "paróquia", o papel da mulher na Igreja, o risco sempre iminente da burocratização do ministério sacerdotal, o hiperativismo que seca o poço da oração. Diante de tais problemáticas, sua recomendação foi a de não se abandonar em uma autocomiseração estéril e de recordar o bem imenso que a Igreja realiza em qualquer latitude.

Concluindo, uma "fotografia" realística das expectativas que a comunidade eclesiástica implicitamente depositou sobre os cardeais reunidos de todos os continentes para lhe dar um novo Pastor: "Mesmo que o local do Conclave – como o termo mesmo diz – seja um lugar fechado à chave, ele será na verdade escancarado para o mundo inteiro; se o que prevalecer for a liberdade do Espírito que, quando toca os corações e as mentes, se rejuvenesce, purifica e recria. Deixem, então, que a luz do Espírito cruze com vossa liberdade; deixem que entre no diálogo convosco, com vosso mundo interior e, através de vós, com aquele mundo tão variado e universal do qual vós sois expressão; deixem que se insinue nas dobras de vossas conversas, diálogos, debates; e que encontre lugar também nas dinâmicas, às vezes dialéticas, que caracterizam cada consenso humano, e, portanto, também o vosso".

Cada um dos cardeais, obviamente sem nunca citar nomes de possíveis "papáveis", teve então a possibilidade de se pronunciar na reunião e praticamente quase todos o fizeram, com poucos ultrapassando a duração indicada de cinco minutos concedida a cada um. Foram muitas e variadas as temáticas postas à mesa, entre as quais, em ordem aleatória: a relação com o mundo contemporâneo e com as outras fés, a situação econômica e financeira da Santa Sede, a centralidade da liturgia e a importância do direito canônico, o valor da sinodalidade em relação à missão e à colegialidade, a colaboração e a solidariedade entre as igrejas locais, o papel da Cúria Romana em relação ao papa, o serviço da Igreja e do pontífice na causa da paz, o valor da educação como instrumento de transformação e esperança. E também não foram ignorados elementos de contratestemunho, como os casos de abuso sexual e os escândalos financeiros, apresentados como uma ferida a se manter aberta para que se identifiquem percursos concretos de cicatrização.

A hora da escolha

Na manhã de 7 de maio, a missa "*pro eligendo romano pontifice*" [para a eleição do pontífice romano], na Basílica Vaticana, deu oportunidade ao decano Re de propor na homilia uma última reflexão sobre o papa, "de quem a Igreja e a humanidade têm necessidade neste momento histórico tão difícil e complexo" e "que melhor saiba despertar a consciência de todos e as energias morais e espirituais na sociedade atual, caracterizada por grande progresso tecnológico, mas que tende a esquecer Deus". Incomum, depois, foi a solicitação direcionada aos cardeais eleitores: "deixem cair cada consideração pessoal e tenham em mente e no coração apenas o Deus de Jesus Cristo e o bem da Igreja e da humanidade".

Duas palavras-chave inesperadas ressoaram entre os muros sagrados de São Pedro, indicando as tarefas do futuro sucessor de Pedro. Primeiramente, "fazer a comunhão crescer: de todos os cristãos com Cristo; dos bispos com o papa; dos bispos entre si; não uma comunhão autorreferencial, mas toda voltada para a comunhão entre as pessoas, os povos e as culturas, tendo no coração que a Igreja é sempre 'casa e escola de comunhão'". E, logo em seguida, "manter a unidade da Igreja no caminho traçado por Cristo aos apóstolos. A união da Igreja é um desejo de Cristo, uma união que não significa uniformidade, mas, sim, uma comunhão profunda e firme nas diversidades, desde que permaneça na plena fidelidade do Evangelho".

E talvez os votantes tenham sentido ainda mais "*tremar le vene e i polsi*"[4] ao ouvir as palavras conclusivas articuladas pelo cardeal Re: "Todo papa continua a encarnar Pedro e sua missão e assim representa Cristo na Terra; ele é a rocha

---

4 Referência ao Canto III, de Inferno, de Dante Alighieri: *Vedi la bestia per cu'io mi volsi;/aiutami da lei, famoso saggio/ch'ella mi fa tremar le vene e i polsi.* ["Mas vê essa besta que me fez volver./ Dá-me, meu sábio, socorro e coragem/ *contra* ela que meus pulsos faz tremer". *A divina comédia*, *Livro Inferno*, Dante Alighieri. Editora 34, p. 29.]. (N.T.)

sobre a qual é edificada a Igreja. A eleição do novo papa não é uma simples alternância de pessoas, mas é sempre o apóstolo Pedro que retorna. O Papa João Paulo II almejava que, nos momentos da grande decisão por meio do voto, a imagem de Jesus do Juízo Final, da pintura de Michelangelo, relembrasse a cada um a grandeza da responsabilidade de colocar as 'chaves supremas' [Dante] nas mãos justas".

O compromisso na primeira tarde foi na Sala Régia, localizada na primeira galeria (ou seja, no primeiro andar) do Palácio Apostólico. O cerimonial é solene e as prescrições são taxativas até em relação à vestimenta: roupa vermelha com faixa, sobrepeliz (a veste branca com renda), mozeta (a manta vermelha), cruz peitoral com cordões vermelho e dourado, anel, solidéu e barrete.

Podemos imaginar que algum cardeal, para aliviar a tensão, tenha contado aos irmãos de fé a anedota de Deus que, aproveitando a *sede vacante*, concede no Paraíso alguns dias de férias e pergunta aonde pensam ir: "Quero verificar como restauraram minha casinha em Nazaré", responde a Virgem Maria; "Eu gostaria de ver onde nasci em Belém, já que nunca voltamos", interrompe Jesus; e então chega a vez de São José: "Estou curioso para descobrir se minha oficina de carpinteiro ainda está em atividade"; e, por fim, manifesta-se o Espírito Santo: "Ah, soube que estão para fazer um Conclave no Vaticano. Quem sabe dou um pulo até lá, porque faz séculos que não apareço".

E muitos poderiam, por sua vez, ter tentado se reconfortar, relembrando a observação feita em 1997 pelo então cardeal Joseph Ratzinger em relação à eleição do papa: "Diria que o Espírito Santo não assume exatamente o controle dessa questão, e que, até como o bom educador que é, nos dá bastante espaço, bastante liberdade, sem nos abandonar completamente. Assim, o papel do Espírito deveria ser compreendido em um sentido muito mais elástico, não ditando o candidato no qual se deva votar. Provavelmente, a única segurança que ele oferece é que a coisa não seja totalmente arruinada".

E talvez alguns dos cardeais nomeados recentemente, pouco acostumados com os corredores curiais, depois de terem assistido às reuniões dos últimos dias, tenham compreendido porque João Paulo II, no "regulamento" do Conclave, havia inserido algumas recomendações que pareciam destoantes, considerando que são endereçadas àqueles que a diplomacia define até hoje como "príncipes da Igreja Santa Romana": "Solicito com vivacidade aos cardeais eleitores que, ao eleger o pontífice, não se deixem levar por simpatia ou aversão, influenciar-se por favores ou relações pessoais, pressionar pela intervenção de pessoas influentes ou de grupos de pressão, ou pela sugestão dos meios de comunicação sociais, pela violência, pelo temor ou pela pesquisa de popularidade. Ao contrário, tendo diante dos olhos apenas a glória de Deus e o bem da Igreja, depois de ter suplicado ajuda ao Divino, deem seu voto para aquele que, até fora do Colégio Cardinalício, vocês julgarem mais idôneo do que os outros para reger com fruto e utilidade a Igreja Universal".

Em todo caso, todos perceberam que talvez fossem direcionadas a eles as palavras sinceras do Papa Wojtyła: "Rogo àquele que for eleito que não se esquive do cargo para o qual foi convocado, por causa do temor de seu peso, e que, sim, se submeta humildemente ao plano da vontade divina. De fato, Deus, ao lhe impor esse fardo, sustenta-o com a mão, para que não seja injusto carregá-lo; ao lhe entregar a árdua tarefa, oferece-lhe também ajuda para cumpri-la e, ao lhe doar a dignidade, concede-lhe a força para que não se diminua sob o peso do cargo".

Às 16h30, é então chegada a hora e, com a solene procissão sob o canto da litania dos santos da Capela Paulina até a Sistina, os cardeais eleitores entraram na clausura do Conclave. A última etapa, com a porta da Capela Sistina então selada depois do *Extra omnes"* [Todos fora], dito pelo mestre das Celebrações Litúrgicas, foi a meditação final do cardeal Raniero Cantalamessa, pregador emérito da Casa Pontifícia, que por uns quarenta e quatro anos foi, por assim dizer, o homem que "sussurrava" aos papas e à Cúria Romana, sobretudo na hora das homilias nos tempos da Quaresma e do Advento. Era seu último recurso para eleger um pontífice adequado a responder aos desafios do tempo e dotado de carisma apostólico para anunciar a fé, de acordo com o comando dado por Jesus a Pedro ("Confirma os teus irmãos", Lucas 22:32).

Assim, renovado o juramento solene sobre o sigilo absoluto e lida a declaração desafiadora: "Invoco como testemunha Cristo Senhor, o qual me julgará, que meu voto seja dado àquele que, segundo Deus, considero que deva ser eleito", chegou o início das votações. Todos estavam bem cientes de que quando, dali a alguns dias, saíssem novamente em liberdade do Vaticano, um deles não seria mais visto de vermelho, e sim de branco.

CAPÍTULO 3

O papa da globalização

Do ponto de vista litúrgico, o tempo pascal dura até o Pentecostes (em 2025, será em 8 de junho). E realmente foi como com um brinde-surpresa de ovo de Páscoa que os cardeais eleitores presentearam a todos os "especialistas", inclusive os vaticanistas mais estimados, que, mesmo enquanto o total sigilo do Conclave já estava em operação, continuavam propondo artigos sobre as manobras em curso na Capela Sistina para transferir votos aos principais "papáveis", em particular, aos três italianos, Pietro Parolin, Pierbattista Pizzaballa e Matteo Maria Zuppi. Tanto que, brincando com o sobrenome do novo papa – em italiano *prevosto* é o reitor de um monastério, ou, em alguns casos, o pároco –, alguém ironizou que os conclavistas pregaram uma "pegadinha de pre... vost"[5].

Ao observar pela televisão os principais comentaristas enquanto o protodiácono Mamberti pronunciava "Robertum", pôde se notar como os olhares se tornaram repentinamente

---

5 Referência à expressão italiana *Scherzo da Prete* [Pegadinha de Padre], que significa uma brincadeira de mau gosto ou inesperada. A expressão se originou na época da luta pela união da Itália, pois o papa Pio IX primeiramente apoiou a luta, depois voltou atrás e a condenou.

questionadores, visto o nome inesperado. E, por uma fração de segundo, alguém teve o cérebro atravessado por flashes do africano Robert Sarah, do italiano Roberto Repole ou do outro estadunidense Robert Walter McElroy, hipóteses imediatamente dissipadas pelo segundo nome, "Franciscum", que não deixou mais dúvidas da identidade do eleito.

A praça também irrompeu na aclamação costumeira, mas os aplausos pareceram, inicialmente, um pouco fracos, como nas ocasiões anteriores de Bergoglio e Wojtyła (menos naquela de Ratzinger), desconhecidos para a maioria quando foram eleitos. Porém, o momento de empolgação foi logo dissipado pela aparição do rosto sereno e sorridente de Leão XIV, com seus gestos pacatos e respeitosos e suas palavras sábias e encorajantes. Enquanto isso, o acesso à internet na área da Praça de São Pedro, já precário desde o início do Conclave por causa do bloqueio da rede telefônica demandado pelo Vaticano aos administradores, para garantir o sigilo do evento, parou de funcionar por causa das inúmeras pesquisas na rede por quem desejava conhecer alguma coisa da biografia do recém-eleito e tentar imaginar suas características humanas e doutrinais.

Nascido em 4 de setembro de 1955, época marcada pelo *boom* econômico e pelas revoluções culturais, Robert Francis Prevost (a pronúncia correta é "Prí-vost" no inglês, com o T pronunciado levemente) – estadunidense de nascença, mas que, desde 2015, tem passaporte peruano – pode se definir com legitimidade como o primeiro papa da globalização na história da Igreja, não apenas pelo ministério eclesiástico desenvolvido em diversas partes do mundo, mas também por causa de suas raízes familiares. De fato, apesar de ter nascido em Chicago, Illinois, filho de pais estadunidenses, as origens da mãe, Mildred Agnes Martínez, são do Caribe espanhol, ao passo que as do pai, Louis Marius, são ítalo-francesas.

As raízes familiares

Utilizando, em particular, o site WikiTree.org, foi teorizada uma reconstrução da árvore genealógica desses seus antepassados. O avô paterno teria nascido no noroeste da Itália, no dia 24 de junho de 1876, e seu nome seria Giovanni Roberto Prevosto, anglicizado para John Robert Prevost quando imigrara, em 1910, para os Estados Unidos, onde se casara com Suzanne Marie Fabre, nascida em Le Havre, na França, em 2 de fevereiro de 1894. No dia 23 de julho de 1917, tiveram o primeiro filho, John Centi, e em 28 de julho de 1920, o segundo, Louis Marius. John Robert faleceu em 1960, aos 83 anos, e Suzanne Marie o acompanhou em 1979, aos 85 anos.

Foi durante os anos universitários que Louis Marius conhecera Mildred Agnes Martinez, nascida em 30 de dezembro de 1911 daqueles que são os avós maternos do novo papa: Joseph Nerval Martínez, nascido em Porto Príncipe, capital do Haiti, em 1864, e morto em 1926, e Louise Baquie, de sobrenome de origem ibérica, ambos tendo se mudado para Chicago entre 1910 e 1912. Portanto, o trajeto mais provável de Leão XIV começa na Europa, passa pela América do Norte e pela realidade latino-americana, para depois finalizar no coração romano da cristandade.

O pai, Louis Marius, obteve seu diploma na Central YMCA College. Em 1943, alistou-se na Marinha americana durante a Segunda Guerra Mundial e combateu como tenente de navio em uma embarcação empenhada no Mediterrâneo. Especializou-se em Pedagogia, em 1949, na DePaul University, onde conhecera a futura esposa, Mildred Agnes, e então construiu carreira na Educação; primeiro, como supervisor de escolas da periferia sul de Chicago, no Distrito 169, depois como gestor de escolas do Distrito 167 e, por fim, como diretor da Mount Carmel Elementary School, em Chicago Heights. Faleceu em 1997, aos 77 anos.

A mãe, Mildred Agnes, estudou Biblioteconomia e Pedagogia na DePaul University, obtendo seu diploma em 1949, para depois trabalhar em diversas bibliotecas e fundar uma na paróquia de Nossa Senhora da Assunção. Uma conhecida, Marianne Angarola, descreveu-a assim: "Ia todo dia à missa, limpava a igreja e a sacristia. Estava envolvida em tudo, incluindo as atividades de arrecadação de fundos. E um fluxo constante de padres passava pela casa deles, atraídos pelos pratos irresistíveis preparados por ela".

Robert Francis Prevost é o caçula dos três filhos do casal: o mais velho, Louis Martín (73 anos), depois de ter finalizado a carreira militar, mudou-se para Port Charlotte, na Flórida, enquanto o outro, John Joseph (71 anos), foi diretor de uma escola católica e ainda mora no subúrbio de Chicago.

A origem da vocação

Na época de sua juventude, a família vivia em uma casa de setenta metros quadrados, comprada pelos pais, em Dolton, município que é basicamente um subúrbio da grande área metropolitana de Chicago. Foi ali que nasceu a vocação do pequeno Robert, na paróquia em que os pais atuavam ativamente e na escola dos sacerdotes que lhe haviam ensinado a catequese desde criança.

Com um sorriso, o irmão John Joseph contou que Rob, apelido pelo qual Papa Prevost era chamado em família, "sabia que se tornaria sacerdote desde quando aprendeu a andar. Brincava de ser padre fazendo a tábua de passar roupa de altar e distribuía doces ou bolachas no lugar da comunhão". Como o próprio Robert Francis confirmou: "a ideia de se tornar sacerdote despontou lentamente, mas com determinação", ao frequentar a escola católica St. Mary e se deparar com diversos padres diocesanos.

Na recordação do companheiro Joseph Merigold, "faziam a gente se sentar de acordo com o desempenho escolar, então ele sempre sentava no primeiro lugar, porque era, sem dúvida, a pessoa mais inteligente da turma". Contudo, isso não queria dizer que só pensava nos estudos: "Gostava de jogar Monopoly, War e pega-pega", testemunhou o irmão John Joseph.

Na adolescência, Robert Francis conheceu a comunidade dos agostinianos e, com 14 anos, entrou em seu seminário menor, na St. Augustine Seminary High School. Dali, "a história prosseguiu, entre teologia, amizades e uma crescente consciência do meu chamado". Em uma entrevista televisa, com o olhar encoberto pela nostalgia, retomou a importância daquela época na experiência de "um garoto que vivia com outros jovens uma aventura comunitária importante e aprendia a conhecer a si mesmo".

Durante o percurso do discernimento, houve constantes diálogos com seu pai: "Quando eu tinha dúvidas e questionava o que seria melhor para mim, porque quando se é jovem é natural pensar: 'Talvez seja melhor ter uma vida normal, uma família, filhos', ele me falava da sua experiência matrimonial, mas me dizia também quanto era importante conhecer Cristo, conhecer o amor de Deus. Por mais que eu tivesse escutado isso ser repetido tantas vezes pelos meus formadores, também era importante escutar diretamente do meu pai, de uma maneira muito humana e muito profunda".

O carisma pastoral

Visto que, nesse meio-tempo, a província religiosa agostiniana havia fechado o seminário maior, depois do Ensino Médio, ele foi estudar na Villanova University, sempre administrada pelos agostinianos, na periferia da Filadélfia, na Pensilvânia, onde obtivera o diploma em Ciências Matemáticas, em 1977, tendo frequentado também alguns cursos de Filosofia. Em 1º de setembro daquele ano, entrou no noviciado em Saint Louis, pertencente à província Nossa Senhora do Bom Conselho de Chicago, e, no dia 2 de setembro do ano seguinte, emitiu a primeira profissão religiosa, pronunciando enfim os votos solenes em 29 de agosto de 1981.

O site oficial da Ordem explica que os agostinianos nasceram juridicamente "no mês de março de 1244, quando Papa Inocêncio IV unificou alguns grupos de eremitas em uma nova Ordem mendicante para o serviço da Igreja universal. A Ordem, desde o início, reconhece Santo Agostinho como pai, mestre e líder espiritual, porque recebeu dele a Regra e o nome, a doutrina e a espiritualidade". Três são as facetas da inspiração inicial que caracterizaram o santo e se fundiram nele: o carisma religioso, o teológico e o pastoral.

Como o então prior-geral Agostino Trapé, nos anos 1970, detalhara em uma síntese notável, "não é possível entender de fato seu pensamento e sua ação se não achar que ele foi um religioso consagrado a Deus e apaixonado pela beleza espiritual, que foi um teólogo que escrutinou incansavelmente os mistérios da fé, que foi um bispo que serviu sem poupar o povo de Hipona e a Igreja universal". Mas "é o carisma pastoral que constitui a coroação dos outros dois, que os anima, que os reforça e os faz servir com mais eficácia ao bem da Igreja".

E é nesse caminho que se insere o agostiniano Robert Francis Prevost com a entrada na Ordem, a exemplo de Agostinho que "sacrificou sob as exigências do apostolado o que tinha de mais caro: o tempo, as energias, os amigos, a vida; foi o apóstolo incansável da unidade da Igreja, o missionário; teve entre seus cuidados pastorais um afeto e uma atenção particular pelos pobres; soube encontrar um equilíbrio inteligente entre as exigências do apostolado e as exigências da vida interior, que são o estudo, a oração, a contemplação".

Obteve o bacharelado canônico em Teologia na Catholic Theological Union de Chicago e, com 27 anos, foi enviado pelos seus superiores para Roma, para o Colégio Agostiniano de Santa Mônica, na via Paolo VI, para frequentar a faculdade de Direito Canônico da Pontíficia Universidade San Tommaso d'Aquino, conseguindo a licença em 1984. Nesse meio-tempo, em 19 de junho de 1982, foi ordenado sacerdote pelo monsenhor Jean Jadot, na época pro-presidente do que hoje se chama Dicastério para o Diálogo Inter-religioso.

Depois de ter esboçado o trabalho de sua tese doutoral sobre *O papel do prior local da Ordem de Santo Agostinho,* que viria a defender em 1987, chegou para ele a oportunidade de realizar pela primeira vez o desejo que cultivava desde a juventude: "Ser missionário, não ficar no meu país. Queria participar, de alguma forma, de alguma coisa maior". O destino por alguns anos foi o Peru, na missão agostiniana de Chulucanas, em Piura, no noroeste do país. "Ali amadureci minha experiência como religioso. Descobri o valor da proximidade, da vida entre a gente e da missão como testemunha silenciosa e concreta".

Uma responsabilidade mundial

Fez um rápido retorno a Illinois, ao convento de Olympia Fields, como diretor das vocações e das missões para, depois, em 1988, voltar ao Peru como diretor do projeto de formação comum dos aspirantes agostinianos dos vicariatos de Chulucanas, Iquitos e Apurímac. Até 1999, acumulou uma sequência constante de cargos e ministérios: no âmbito agostiniano, foi prior da comunidade (1988-1992), diretor de formação (1988-1998) e professor dos professos (1992-1998); na arquidiocese de Trujillo, exerceu o papel de vigário judicial (1989-1998), cuidou da pastoral na igreja de Nossa Senhora Mãe da Igreja, construída sucessivamente como paróquia com o título de Santa Rita (1988-1999) e foi administrador paroquial de Nossa Senhora de Monserrat (1992-1999), além de ensinar Direito Canônico, Patrística e Moral no Seminário Maior São Carlos e São Marcelo.

Por dois anos, entre 1999 e 2001, retornou a Chicago para retomar o mandato de prior da província de Nossa Senhora do Bom Conselho. A capacidade demonstrada na liderança de diversas realidades agostinianas e na relação com os confrades lhe renderam a designação de prior-geral da Ordem, durante o Capítulo Ordinário, em 14 de setembro de 2001. Essa escolha foi renovada em setembro de 2007 para um segundo mandato de seis anos até 4 de setembro de 2013. Foram anos cheios de viagens para quase todos os locais com presença de agostinianos no mundo, que lhe consentiram ver pessoalmente as mais diversas realidades, tanto religiosas quanto sociais.

Nesse papel, encontrou-se acolhendo Bento XVI na visita de 22 de abril de 2007 à basílica de São Pedro no Céu d'Ouro, em Pavia, onde está guardada a urna das relíquias de Santo Agostinho, e escutando a confidência de Papa Ratzinger de ter desejado venerar os restos mortais do santo "para expressar tanto uma homenagem de toda a Igreja Católica a um de seus maiores 'pais' quanto minha devoção pessoal e meu reconhecimento a ele, que teve tanta participação na minha vida de teólogo e de pastor, mas diria que mais ainda na de homem e sacerdote".

E também hospedou Francisco, em 28 de agosto de 2013, na basílica romana de Santo Agostinho, em Campo de Marte, para uma missa em que, na homilia, Papa Bergoglio pronunciou palavras desafiadoras: "Como estamos com a inquietude do amor? Cremos no amor a Deus e aos outros? Não de forma abstrata, não apenas nas palavras, mas no irmão concreto que encontramos, no irmão que está ao nosso lado! Às vezes, pode-se viver em uma vizinhança sem conhecer quem vive ao lado, ou pode-se estar em comunidade sem conhecer de verdade o próprio confrade. A inquietude do amor impele sempre a ir ao encontro do outro, sem esperar que seja o outro a manifestar seu desejo".

Questionamentos que com certeza retornaram à sua mente quando, depois de ter passado os doze meses seguintes, entre outubro de 2013 e outubro de 2014, em Chicago, no convento de Santo Agostinho, como diretor de formação, primeiro conselheiro e vigário provincial, recebeu da Congregação dos Bispos o comunicado de que Francisco o queria como administrador apostólico da diocese peruana de Chiclayo, com 1 milhão e 100 mil de batizados e a fama de ser a "capital da amizade", graças à hospitalidade de sua gente. A nomeação foi publicada em 3 de novembro e, no dia 7, o padre Prevost já estava no local para a entrada oficial.

Em seguida, contou que seu conhecimento de Bergoglio datava do início dos anos 2000: "Nos tempos em que eu era prior-geral dos agostinianos, várias vezes, durante as visitas aos meus confrades na Argentina, quando ainda era cardeal, tive oportunidade de encontrá-lo e de conversar com ele, de maneira informal, sobre questões mais institucionais". Eleito papa, Francisco celebrara sua primeira missa pública, no dia 13 de março de 2013, na paróquia Sant'Anna, no Vaticano, entregue aos cuidados pastorais dos religiosos agostinianos. E, naquela ocasião, Prevost o encontrou mais uma vez: "Perguntei-me se lembraria de mim. Quando chegou e entrou na sacristia, ao me ver, me reconheceu na hora e começamos a conversar".

Bispo e agostiniano

Sua consagração episcopal foi celebrada no dia 12 de dezembro de 2014, dia de Nossa Senhora de Guadalupe, na catedral de Santa Maria em Chiclayo. Quem a presidiu foi o arcebispo James Patrick Green, núncio apostólico no Peru, com a participação do bispo emérito Jesús Moliné Labarte e do arcebispo de Ayacucho, Salvador Piñeiro García-Calderón. De acordo com a tradição, ele recebeu o título de uma antiga sede episcopal abolida, no seu caso, foi a de Sufar, na atual Argélia.

No brasão episcopal "cortado", ou seja, dividido diagonalmente em dois, do canto superior direito até o inferior esquerdo (que em heráldica indica a harmonia na diversidade), deseja inserir as referências de sua espiritualidade. Na parte esquerda, com fundo azul, há o lírio de prata que evoca a flor da Virgem Maria, símbolo da pureza e da santidade. Na parte direita, com fundo claro, há o Sagrado Coração de Jesus perfurado e apoiado sobre a Bíblia, em referência ao símbolo da Ordem agostiniana, no qual é expressada a experiência de conversão de Santo Agostinho, que, ao ler a Palavra de Deus, sentiu como se uma flecha tivesse penetrado seu coração e o preenchido de amor divino.

Seu lema episcopal é "*In Illo Uno unum*" (N'Ele que é Um [somos] um só), que são palavras usadas por Santo Agostinho no sermão *Exposição sobre o Salmo 127* para explicar que "nós [cristãos] somos muitos e somos um. De que forma, apesar de sermos muitos, somos um? Porque nos mantemos estritamente unidos àquele do qual somos membro, e, se nosso Chefe está no céu lá em cima, os membros também vão segui-lo". Exceto por algumas modificações na fabricação dos desenhos, tudo permaneceu idêntico também no brasão oficial como pontífice, contornado pela mitra papal (com as três faixas que simbolizam os três poderes: de ordem, de jurisdição e de magistério) e das chaves de ouro (o poder espiritual) e de prata (a autoridade terrena) de São Pedro.

E o vínculo perfeito com Agostinho está visivelmente perpetuado também como pontífice, pois a cruz peitoral que usava quando se apresentou para a bênção *Urbi et Orbi* era a que já carregava como cardeal e que lhe fora doada pelo postulador-geral da Ordem, padre Josef Sciberras, no momento da criação cardinalícia de 2023, na qual dentro estão inseridas as relíquias de Santo Agostinho, de sua mãe Santa Mônica, do santo arcebispo Tommaso di Villanova, do beato mártir Anselmo Polanco Fontecha e do venerável bispo Giuseppe Bartolomeo Menochio (outros santos agostinianos notáveis são Rita de Cássia, Nicolau de Tolentino e Clara de Montefalco).

O "doutor da graça"

No primeiro discurso da sacada de São Pedro, ele realmente se inspirou em uma famosa frase do Santo de Hipona (a cidade da qual foi bispo, atualmente Annaba, na Argélia) – "Convosco, sou cristão e por vós, bispo" –, para iniciar o diálogo com a Igreja de sua diocese de Roma. E, em declarações passadas, havia afirmado que "Santo Agostinho é ainda hoje um modelo de bispo, de cristão, de discípulo de Jesus Cristo. Com sua doutrina e seu amor pela Igreja, é grande também por nós hoje. E todos nós devemos buscar amar mais a Igreja, porque a Igreja é Jesus Cristo". Mas "mesmo que uma pessoa não tenha fé em Deus", acrescentara, "se lesse as suas *Confissões*, poderia descobrir muitas coisas".

Alguém definiu Agostinho como "o fundador da psicologia", por conta de sua investigação sobre a alma humana. Porém, no âmbito católico, é também o "doutor da graça", devido à riqueza do seu estudo teológico sobre a graça divina como elemento essencial para a salvação do homem. Em resposta a Pelágio, cuja doutrina considerava possível o homem alcançar a salvação apenas com suas próprias forças, sem a ajuda da graça divina, Agostinho afirmou que o homem possui o livre-arbítrio, porém, por causa do pecado original, sua vontade está enfraquecida e inclinada para o mal, por isso a graça divina é necessária para a salvação.

Contudo, para os agostinianos, é uma figura fundamental por causa da Regra que o santo confiou a seus discípulos no século V e que ainda hoje continua sendo a base da espiritualidade deles. Um texto que não deixa espaço para dúvidas é: "Queridos irmãos, amem em primeiro lugar a Deus e, depois, ao próximo [...] e tenham apenas uma alma e um só coração [de modo que] sobre todas as coisas das quais se serve a necessidade passageira se elevará a única que perdura: a caridade".

E porque não isola os frades no convento, mas os escancara para o mundo, também o do trabalho: "Fiquem, então, empolgados pelos sentimentos de compreensão e de caridade, mostrem ao mundo que, entrando na quietude do monastério, não foram ali buscar um modo fácil de ganhar a vida, e sim foram buscar o Reino de Deus pela estrada estreita e dificultosa, característica dessa instituição. O motivo para trabalhar que se apresenta a vocês é o mesmo que se apresentava para o apóstolo Paulo (*o qual na segunda epístola aos Tessalonicenses intimou: Quem não quiser trabalhar não tem o direito de comer.*):[6] cortar os pretextos de quem usa pretextos para agir, de forma que os que estão

6 II Tessalonicenses 3:10.

ali para serem asfixiados pelo fedor que emana deles se sintam revigorados pelo perfume da vossa boa conduta".

Muitas frentes para o esforço

Depois de mais ou menos um ano atuando como administrador apostólico, em 26 de setembro de 2015, Prevost foi "promovido" a bispo de Chiclayo: uma diocese de território equivalente ao da região italiana da Ligúria e habitado por 1 milhão e 250 mil pessoas, com 115 sacerdotes para 50 paróquias. À cavalo ou de jipe, "visitou todas, várias vezes, sem pular nenhuma. De manhã, eu o encontrava em uma paróquia das terras altas e, de tarde, em uma da costa", é a recordação do padre Marcos Antonio Ballena Rentería, reitor do Seminário Diocesano Santo Turíbio de Mogrovejo na época. "E depois encorajou e evangelizou diversas manifestações da religiosidade popular, como o milagre eucarístico de Eten (*no dia 22 de julho de 1649, sobre a hóstia, aparece o Menino Jesus vestido com uma túnica violeta e uma camisa típica do povo mochica*), ou a peregrinação à cruz de Chalpón (*onde o eremita padre Juan esculpiu grandes cruzes de lenha para proteção contra os cataclismos*)".

"Na verdade, não é muito diferente, passei de Chicago para Chiclayo. A única diferença são algumas letrinhas", era o comentário divertido que fazia nos primeiros anos no Peru. Mildred Camacho Dioses, hoje com 29 anos, mas que, em 1996, teve o padre Robert como padrinho de batismo e, depois, o reviu outras tantas vezes, relatou algo que ele sempre lhe dizia: "O segredo é não perder o bom humor, não importa o quanto as circunstâncias se compliquem...”. E pode-se dizer com justiça que esse bom humor não desapareceu nem mesmo quando virou papa, visto o modo inesperado como introduziu o primeiro encontro reservado com os cardeais, no dia 10 de maio de 2025, brincando com as palavras: “No Peru, dizem que existem duas mil espécies de *papas*, que significa batatas em espanhol. Bem, agora são duas mil e uma!”. Em janeiro de 2018, Papa Francisco realizou uma visita pastoral ao Peru e pôde apreciar em campo a atividade episcopal de Prevost – que já havia sido sinalizada a ele pelo cardeal jesuíta Pedro Ricardo Barreto Jimeno, arcebispo de Lima – ao ponto de nomeá-lo, em 2019, membro da Congregação para o Clero e de incluí-lo também, em novembro de 2020, entre os membros da Congregação para os Bispos. Nesse meio tempo, dentro da Conferência Episcopal Peruana, foi também vice-presidente e membro do Conselho Permanente (desde 2018) e presidente da Comissão para a Cultura e Educação (desde 2019) até 2023.

Aqueles foram anos difíceis para o Peru – um território vasto, quatro vezes maior do que a Itália, mas com cerca de metade da população –, ocorreram, entre outros desastres, uma devastadora inundação (o fenômeno El Niño de 2017 foi o terceiro pior registrado na história), durante a qual Prevost, com galochas nos pés e pernas dentro da lama, gastou toda energia para ajudar aqueles em dificuldade, e, posteriormente, na pandemia de covid-19, que assolou a economia local, o bispo se empenhou em obter, de qualquer lugar, tanques de oxigênio para os pacientes mais graves. Muitos também se recordam da procissão com o Santíssimo que realizou naqueles dias pelas estradas completamente esvaziadas de Chiclayo.

Além de seu papel institucional no topo do episcopal peruano, desempenhou um papel significativo também na preservação da estabilidade do país durante as sucessivas crises políticas que, em cinco anos, testemunharam a queda, e às vezes a prisão, dos presidentes Pedro Pablo Kuczynski (2018), Martín Vizcarra e Manuel Merino (2020), Pedro Castillo (2022).

E em 2017, quando o governo concedeu o induto ao presidente deposto Alberto Fujimori, em cárcere desde 2005 por crimes contra a humanidade cometidos durante sua ditadura, entre 1990 e 2000, o bispo Prevost lançou um apelo a fim de que ele pedisse publicamente perdão a cada uma das vítimas do seu governo. Ele se recordava bem daqueles anos terríveis em que os conflitos entre as forças paramilitares peruanas e os terroristas de Sendero Luminoso causaram cerca de 70 mil mortes e desaparecimentos, a maior parte dos quais eram camponeses e indígenas das zonas rurais, muitas vezes encurralados entre o fogo cruzado da guerrilha e das forças estatais.

Em Roma mais uma vez

No início de 2022, Papa Bergoglio começou a pensar na substituição do prefeito do Dicastério dos Bispos, Marc Ouellet, com 77 anos à época; e, entre os nomes na lista, ele tinha em mente o de Prevost também. Em 12 de fevereiro, o boletim da Sala de Imprensa Vaticana relatou que, naquela manhã, Francisco havia recebido em audiência primeiro Ouellet e, mais tarde, Prevost. A conexão, que na época ninguém captou, este último explicou assim: “Quando me disse que estava pensando nessa possibilidade, eu lhe respondi: 'O senhor sabe que estou muito feliz no Peru. Se decidir me nomear ou me deixar onde estou, ficarei feliz do mesmo jeito, mas se me pedir para assumir um novo papel na Igreja, eu vou aceitá-lo'". E a réplica do pontífice foi: "Reze para que eu tome uma boa decisão".

Evidentemente, o papa seguiu sua própria direção, visto que a nomeação para prefeito desse dicastério foi publicada em 30 de janeiro de 2023, acrescentando também o cargo de presidente da Comissão Pontifícia para a América Latina; e a entrada no cargo ficou estabelecida para o dia 12 de abril seguinte, de forma a permitir uma transferência de poder adequada para o administrador apostólico que o substituiria momentaneamente, o bispo Guillermo Antonio Cornejo Monzón.

Ao se despedir de seus diocesanos, disse, comovido: "Como missionário no Peru, talvez eu tenha dado alguma coisa, mas recebi demais". E relatou com diversão a época em que se encontrava com Bergoglio, arcebispo de Buenos Aires: "Quando ele foi eleito papa, falei para alguns dos meus irmãos: 'Bem, é uma coisa muito boa, graças a Deus, eu nunca vou virar bispo'. Não lhes conto o motivo, mas digamos que nem sempre, nos encontros com Bergoglio, chegávamos a um acordo, digamos assim. No fim da missa do dia 28 de agosto de 2013, eu o cumprimentei e ele me respondeu: 'Agora pode descansar'. Retruquei a ele: 'Obrigado, Santo Padre, espero poder descansar'. Ele me deixou quieto alguns meses... e então me nomeou bispo de Chiclayo. Não sei quando chegará a parte do descanso, mas aqui estamos! Eu teria preferido permanecer em Chiclayo, mas é preciso obedecer, em todas as idades da vida". Em Roma, a quem lhe perguntava que significado tivera a transição de bispo missionário na América Latina para responsável pelo dicastério que ajuda o papa a escolher os bispos, respondia simplesmente: "Ainda me considero missionário. A minha vocação, como a de cada cristão, é ser missionário, anunciar o Evangelho onde cada um deles se encontra".

O perfil por ele traçado em relação ao bispo adequado para a Igreja de nossa época representou, de certa forma, uma autobiografia, sem, contudo, sucumbir a à autorreferência soberba: "Primeiro de tudo, é preciso ser 'católico': às vezes, o bispo corre o risco de se concentrar apenas na dimensão local. Mas é bom que um bispo tenha uma visão muito mais ampla da Igreja e da realidade e que experimente essa universalidade da Igreja. Também ajuda a capacidade de ouvir o próximo e de buscar conselhos, assim como ter maturidade psicológica e espiritual. Um elemento fundamental do perfil é ser um pastor capaz de estar próximo dos membros da comunidade, a começar pelos sacerdotes, para os quais o bispo é pai e irmão; viver essa proximidade com todos, sem excluir ninguém".

E o desafio do bom pastor demanda diversas capacidades: "Ser capaz de acompanhar o povo de Deus e de estar perto dele, não ficar isolado. O bispo tem que ter muitas competências. Deve saber como liderar, como administrar, como organizar e como estar em contato com as pessoas. Mas, se tivesse que identificar uma característica soberana a todas as outras, é a que ele deve anunciar Jesus Cristo e viver a fé de modo que os fiéis vejam no seu testemunho um incentivo a querer ser cada vez mais parte ativa da Igreja que o próprio Jesus Cristo fundou. Resumindo, ajudar as pessoas a conhecer Cristo por meio do dom da fé".

Como prova da grande estima por ele, Francisco não somente o nomeou cardeal no primeiro Consistório disponível, em 30 de setembro de 2023, como, em 6 de fevereiro de 2025, promoveu-o de cardeal diácono de Santa Mônica a cardeal bispo da sede suburbicária de Albano, um título basicamente honorífico, mas também de grande prestígio no âmbito eclesiástico, visto que, entre os membros desse grupo restrito, ao qual atualmente pertencem apenas dez cardeais, são eleitos o decano e o vice-decano do Colégio Cardinalício.

Campanhas difamatórias

Sem dúvida, perto e também depois do Conclave, uma polêmica nos veículos de comunicação seria obrigatória, nesse caso, alegando que o bispo Prevost encobriu religiosos acusados de terem cometido abusos sexuais. Em 2022, no fim do seu episcopado em Chiclayo (que, recordemos, começou em 2014), três irmãs afirmaram ter sofrido violências entre 2006 e 2010, quando ainda eram menores, por parte de dois sacerdotes: Ricardo Yesquén Paiva e Eleuterio Vásquez Gonzáles.

Na reconstrução feita pela diocese, o monsenhor Prevost iniciou uma investigação canônica e aconselhou as três mulheres a denunciar tudo para as autoridades civis, a fim de que também se iniciasse um inquérito judiciário. Na metade de 2023, a magistratura arquivou o caso por falta de provas e por prescrição do crime e, em agosto, o Dicastério para a Doutrina da Fé, para o qual o bispo havia enviado a documentação, também encerrou a investigação baseando-se na decisão dos juízes peruanos.

No momento da primeira denúncia, o bispo Prevost ofereceu às supostas vítimas a possibilidade de terem um apoio psicológico no centro de escuta diocesano e, ao mesmo tempo, afastou o padre Gonzáles do ministério ativo, ao passo que padre Paiva já estava há um tempo incapaz e internado em uma casa de repouso por causa de uma doença degenerativa.

Depois do arquivamento do caso, no fim de 2024, as três mulheres trouxeram de novo o caso à tona, com o suporte da ONG *Survivors Network of those Abused by Priest*, e afirmaram que a questão não tinha sido tratada adequadamente por Prevost. Logo, para não deixar nada mal resolvido, o novo bispo de Chiclayo, monsenhor Edinson Edgardo Farfán Córdova, reabriu a investigação e enviou mais uma vez os documentos ao Vaticano.

Os resultados ainda não estão disponíveis, mas, de toda forma, a diocese e também as investigações independentes do jornal liberal espanhol *El País* e do católico *Avvenire* destacaram que, da parte do então bispo Prevost, não houve falhas ou encobrimentos. "Fonte oficiais confirmam que o Dicastério para a Doutrina da Fé, ciente de que circulavam acusações similares, conduziu um inquérito aprofundado dos casos antes do Conclave, e a conduta do papa recém-eleito foi impecável", concluiu o jornal espanhol, publicado também na América Latina.

Entre a mesa e o campo

Entre as muitas anedotas a seu respeito, não poderiam faltar os detalhes relativos aos gostos e passatempos de Robert

Francis Prevost, começando pela revelação do irmão John Joseph, com quem conversava por telefone todas as noites, de que, de forma habitual, incluindo a noite da véspera do Conclave, ele jogava algumas partidas de Wordle, um jogo on-line no qual se deve adivinhar uma palavra escondida de cinco letras em um máximo de seis tentativas. Para uma revista agostiniana, o próprio Leão XIV confidenciou que gostava muito de "ler, fazer longas caminhadas, viajar, ver lugares novos e aproveitar a paisagem de um ambiente diferente".

E gostava de esportes também, seja praticando diretamente, como o tênis, no campo do Instituto Patrístico Augustinianum, no complexo sul, do lado esquerdo das colunas de São Pedro, onde o frade Andrés Felipe Romero o via de vez em quando aos domingos jogando com seu secretário, um padre da diocese de Chiclayo; ou torcendo pelo time de beisebol Chicago White Sox, como documenta um vídeo que o filma durante uma partida da World Series em 2005, e pelo time de futebol AS Roma, de acordo com o testemunho do confrade Giuseppe Pagano, que, do convento de Florença, falou com ele depois da partida vitoriosa dos *giallorossi* sobre a Fiorentina, no dia 4 de maio e, após a zombaria de Prevost, replicou rindo que aquela vitória era "o primeiro milagre do Papa Francisco".

Em relação aos alimentos preferidos, os testemunhos são sem dúvida múltiplos. Dos clássicos pratos da tradição romana até a pizza napolitana, citam de tudo. Porém mais importante é o seu próprio testemunho, dado em uma entrevista um pouco antes da partida de Chiclayo para Roma, em 2023, sobre a cozinha peruana: "Do que vou sentir falta? De muitas coisas: do ceviche, do cabrito, do seco (ensopado típico da região de Lambayeque)"; e a colaboradora irmã Margarita Flores adiciona à lista o arroz com frango e molho ají.

De qualquer forma, a título de curiosidade, o menu do jantar oferecido aos cardeais na residência Santa Marta após a eleição teve como entrada um flã de abobrinha sobre creme de feijão branco e fondue de queijo Taleggio; como primeiro prato, um risoto de aspargos com guanciale crocante; como segundo prato, rosbife com molho marrom e batatas duchesse e, por fim, *semifreddo* de zabaione com chantili fresco, salada de frutas e café. De vinhos, foram servidos Valpolicella Ripasso DOC 2023, Vermentino Bolgheri DOC 2024, Trento DOC Maximum Blanc de Blancs.

Então logo começou o tumulto a cada saída pública de Leão XIV, cujos vários episódios de seus predecessores deveriam tê-lo preparado. Iniciando com aquela da noite da eleição, quando voltou ao apartamento em que vivia antes do Conclave, no palácio de Sant'Uffizio, e foi recebido no pátio por várias pessoas com as quais trocou cumprimentos e aceitou tirar fotos. Quando uma menina pediu-lhe timidamente que abençoasse uma Bíblia e a autografasse, Leão XIV salientou com humor: "Tenho ainda que experimentar algumas assinaturas, a velha não serve mais!". Então, ao anotar a data perto da assinatura, acrescentou, fingindo estar pensativo: "Que dia é hoje mesmo? Oito de maio?".

As peças do mosaico

Com o passar do tempo, aos poucos, conheceremos cada vez mais particularidades de como nascera durante as

Congregações Gerais e se desenvolvera no Conclave a escolha de Robert Francis Prevost. O cardeal de Madagascar, Désiré Tsarahazana mencionou um consenso plebiscitário na quarta votação, em que teriam sido registrados "muito mais de cem votos" a seu favor, envolvendo quatro quintos dos eleitores. Foram feitas reconstruções do andamento das primeiras três votações, que testemunharam, desde a primeira votação, na tarde de quarta-feira, uma inesperada queda dos consensos em torno dos pressupostos "papáveis", em particular Pietro Parolin, confirmando o ditado popular que "quem entra papa no Conclave, sai cardeal"; e vimos serem descritos cenários de intrigas, compromissos e acordos para confluir blocos de votos para um ou outro candidato, enquanto a rapidez da eleição indica um movimento coletivo e espontâneo a seu favor.

Na realidade, alheia às reconstruções banais que continuaram a esquematizar a subdivisão do Colégio Cardinalício entre bergoglianos, tradicionalistas, moderados e inovadores, a Igreja pós "efeito Francisco" pedia um pontífice capaz de, não apenas dar continuidade à reforma intencional, mas pacificar os excessos provocados pela veemência de Papa Bergoglio e consolidar os vários processos iniciados por ele, que começavam, todavia, a correr o risco da dispersão e da incompletude; e, ao mesmo tempo, que fosse dotado de todas as facetas que idealmente deveriam pertencer a um papa e que, contudo, raramente conseguem ser reunidas em uma só pessoa.

Em resumo, Leão XIV era cardeal da Cúria Romana há dois anos, responsável por um dos dicastérios-chave da Igreja, no qual são selecionados os bispos que liderarão as dioceses nos cinco continentes (exceto os dependentes diretamente do Dicastério para a Evangelização). Porém, anteriormente, estivera na liderança da Ordem Agostiniana, presente em 54 nações espalhadas por toda parte do mundo, demonstrando a capacidade de governar, de seguir os aspectos econômico-administrativos, de tecer boas relações com os confrades provenientes das mais diversas realidades socioculturais. E, como missionário e bispo, pôde se impregnar do "odor das ovelhas", segundo a feliz imagem inventada pelo Papa Bergoglio, e experimentar em campo um esforço pastoral e de evangelização que representa hoje o principal desafio da Igreja do terceiro milênio. Assim, todas as peças estavam dispostas sobre a mesa: agora só restava finalizar o projeto mosaico.

No símbolo da paz

Leão XIV, em suas primeiras saídas públicas, evidenciou as características que quem o conhece bem lhe atribui: serenidade, amabilidade, firmeza nos conteúdos propostos, lucidez ao lidar com as situações, concretude ao observar as prospectivas. E o discurso pronunciado da sacada de São Pedro, logo após a eleição, já sinalizava um ponto firme, começando pelo trecho inicial: "Que a paz esteja com todos vocês", que não desejava expressar um ímpeto de bondade, nem um eco franciscano, e, sim, recriar as primeiríssimas palavras dirigidas pelo Ressuscitado aos apóstolos escondidos com medo dos judeus: "Jesus veio e pôs-se no meio deles. Disse-lhes ele: 'A paz esteja convosco!'".[7]

---

7 São João 20:19.

Trata-se de um texto que vale a pena ler integralmente, devido à densidade dos conteúdos ali concentrados: "Queridos irmãos e irmãs, essa é a primeira saudação do Cristo Ressuscitado, o bom pastor que deu a vida pelo rebanho de Deus. Eu também gostaria que essa saudação de paz entrasse no coração de vocês, alcançasse as vossas famílias, todas as pessoas, onde quer que estejam, todos os povos, toda a Terra. Que a paz esteja convosco! Essa é a paz de Cristo Ressuscitado, uma paz desarmada e uma paz desarmante, humilde e perseverante. Provém de Deus, Deus que ama a todos nós incondicionalmente. Ainda conservamos em nossos ouvidos aquela voz fraca, mas sempre corajosa, de Papa Francisco que abençoava Roma! O papa que abençoava Roma, dava sua bênção ao mundo, ao mundo inteiro, naquela manhã de Páscoa".

Em uma confluência ideal com o Papa Bergoglio, vieram as palavras sucessivas: "Permitam-me dar seguimento àquela mesma bênção: Deus nos quer bem, Deus ama a todos vocês e o mal não prevalecerá! Estamos todos nas mãos de Deus. Portanto, sem medo, unidos de mãos dadas com Deus e uns com os outros, vamos adiante. Somos discípulos de Cristo. Cristo nos precede. O mundo precisa da sua luz. A humanidade necessita d'Ele como a ponte para ser alcançada por Deus e por seu amor. Ajudem-nos, vocês também, e uns aos outros, a construir pontes, com o diálogo, com o encontro, unindo-nos todos para sermos um só povo sempre em paz! Graças ao Papa Francisco! Quero agradecer também a todos os confrades cardeais que me escolheram para ser o sucessor de Pedro e caminhar junto a vocês, como Igreja unida, buscando sempre a paz, a justiça, buscando sempre trabalhar como homens e mulheres fiéis a

Jesus Cristo, sem medo, para proclamar o Evangelho, para serem missionários".

Como bispo de Roma, a apresentação para sua diocese: "Sou um filho de Santo Agostinho, agostiniano, que disse: 'para vós, sou bispo; convosco, sou cristão. Sendo assim, podemos todos caminhar juntos rumo à pátria que Deus nos preparou. À Igreja de Roma, uma saudação especial! Devemos buscar juntos como ser uma Igreja missionária, uma Igreja que constrói as pontes, o diálogo, sempre aberta a receber com os braços abertos, como essa praça. A todos, a todos que precisam da nossa caridade, da nossa presença, do diálogo, do amor".

Em um ímpeto do coração, brotaram dele, então, as palavras em espanhol para seu amado rebanho peruano: "Se me permitem uma palavra, uma saudação a todos e, em particular, à minha cara diocese de Chiclayo, no Peru, onde um povo fiel acompanhou seu bispo, compartilhou sua fé e deu tanto, tanto para continuar a ser a Igreja fiel de Jesus Cristo". E, logo depois, em resumo, um compromisso para o futuro: "A todos vocês, irmãos e irmãs de Roma, da Itália, de todo o mundo, queremos ser uma Igreja sinodal, uma Igreja que caminha, uma Igreja que busca sempre a paz, que busca sempre a caridade, que busca sempre estar próxima, especialmente, dos que sofrem".

Por último, antes da recitação da Ave Maria e da bênção *Urbi et Orbi*, manifestou sua filial devoção mariana: "Hoje é dia da Súplica à Santíssima Virgem do Rosário de Pompeia. Nossa Mãe Maria deseja sempre caminhar conosco, estar próxima, nos ajudar com sua intercessão e seu amor. Então queria rezar junto a vocês. Rezemos juntos por esta nova missão, por toda a Igreja, pela paz no mundo e pedimos essa graça especial a Maria, nossa Mãe".

O programa como papa

A partir desse discurso, foram zeradas, em um certo sentido, as opiniões por ele expressas no passado, os tweets e as declarações nas entrevistas, tudo aquilo relacionado à esfera pessoal do pensamento de Robert Francis Prevost. Não porque tenha ocorrido uma cisão dentro dele entre sua identidade passada e o ministério petrino, e, sim, porque o pensamento do papa confirma a fé e exprime a doutrina da Igreja, incorporada no tempo atual. Logo, cada polêmica, de boa ou má-fé, sobre os juízos expressos por ele no passado abre caminho agora para o ensinamento como pontífice, único instrumento com o qual se medirá a sua fé na Tradição e no Magistério eclesiásticos.

E ele próprio logo demonstrou isso na homilia de 9 de maio para a primeira celebração eucarística com o Colégio Cardinalício, na qual, quase como desejando completar o quadro das línguas usadas publicamente, junto ao italiano e o espanhol, que adotou no dia anterior (às quais se somam o conhecimento de francês, português e também alemão), iniciou com algumas palavras no inglês nativo: "Vocês me chamaram para levar a cruz e para ser abençoado com essa missão, e sei que posso contar com cada um e com todos para caminharmos juntos, enquanto continuamos como Igreja, como comunidade de amigos de Jesus, como crentes para anunciar as boas-novas, para anunciar o Evangelho".

E a proclamação imediata "Jesus é o Cristo, o Filho do Deus vivo, ou seja, o único Salvador e aquele que nos revela o rosto do Pai", seguiu-se após aquele compromisso assumido em primeira pessoa, porque "Deus, me chamando através do vosso voto para suceder o primeiro dos apóstolos, esse tesouro confia a mim para que, com sua ajuda, eu seja então um fiel administrador a favor de todo o corpo místico da Igreja, a fim de que ela seja sempre a cidade situada sobre uma montanha, arca de salvação que navega pelas ondas da história, farol que ilumina as noites do mundo".

"Até hoje não são poucos os contextos em que a fé cristã é considerada algo absurdo, para pessoas fracas e pouco inteligentes; contextos em que se preferem outras seguranças a ela, como a tecnologia, o dinheiro, o sucesso, o poder, o prazer", reconheceu com sinceridade Leão XIV. "E, exatamente por isso, são lugares em que a missão é urgente, porque muitas vezes a ausência de fé carrega consigo dramas como a perda de sentido da vida, o esquecimento da misericórdia, a violação da dignidade da pessoa em suas formas mais dramáticas, as crises da família e tantas outras feridas com as quais nossa sociedade sofre e muito".

Ao denunciar o risco de Jesus, embora apreciado como homem, ser "reduzido somente a uma espécie de *líder* carismático ou de *super-homem*, e isso não apenas entre os não crentes, mas também entre muitos batizados, que acabam então vivendo, nesse nível, um verdadeiro ateísmo", indicou como resposta: "testemunhar a alegria da fé no Cristo Salvador em nosso relacionamento pessoal com Ele, no compromisso de um caminho diário de conversão". E, por fim, exige um esforço irrenunciável, direcionado sobretudo a si mesmo, "para qualquer um que exercite um ministério de autoridade na Igreja: sumir para que Cristo permaneça, tornar-se pequeno para que Ele seja conhecido e glorificado, comprometer-se profundamente para que a ninguém falte a oportunidade de conhecê-lo e amá-lo.

O porquê do nome

Na manhã do dia 10 de maio, Leão XIV direcionou um discurso aos membros do Colégio Cardinalício, feito após um encontro reservado, no qual quis dar imediato seguimento às demandas de um compartilhamento maior com os cardeais "para poder ouvir conselhos, sugestões, propostas, coisas muito concretas, das quais já havíamos falado um pouco nos primeiros dias de Conclave". Definindo a si mesmo como "um humilde servo de Deus e dos irmãos", Papa Prevost repetiu: "Vocês são os colaboradores mais íntimos do papa, o que me conforta bastante ao ter aceitado um julgo claramente superior às minhas forças, assim como às de qualquer um. A presença de vocês me relembra que o Senhor, que confiou a mim essa missão, não me deixa carregar essa responsabilidade sozinho".

Para limpar o terreno de qualquer equívoco, quis então renovar "a adesão plena ao caminho que há décadas a Igreja universal está percorrendo na trilha do Concílio Vaticano II. Papa Francisco retomou e atualizou magistralmente os conteúdos sobre a exortação apostólica *Evangelii Gaudium* [A alegria do Evangelho], da qual quero destacar algumas instâncias fundamentais: o retorno à primazia de Cristo no anúncio; a conversão missionária de toda a comunidade cristã; o crescimento na colegialidade e na sinodalidade; a atenção ao *sensus fidei,* especialmente em suas formas mais próprias e inclusivas, como a piedade popular; o cuidado amoroso dos últimos e dos rejeitados; o diálogo corajoso e confiante com o mundo contemporâneo em seus vários componentes e realidade".

A eles, confidenciou depois, como era esperado, o motivo da escolha do nome: "As razões são muitas, mas, principalmente, porque o Papa Leão XIII, com a histórica encíclica *Rerum Novarum,* lidou com a questão social no contexto da primeira grande revolução industrial; e hoje a Igreja oferece a todos o seu patrimônio de doutrina social para reagir a uma outra revolução industrial e ao desenvolvimento da inteligência artificial, que trazem novos desafios para a defesa da dignidade humana, da justiça e do trabalho".

Na noite da eleição, jantando com alguns cardeais em Santa Marta, entre eles o camerlengo Kevin Farrell, o papa teria respondido a uma pergunta sobre o mesmo tema, destacando o significado da *Rerum Novarum* e salientando que o tema do trabalho e das condições nas quais vivem os trabalhadores lhe é profundamente caro. Além disso, explicou sentir também uma proximidade espiritual e afetiva com o Papa Leão XIII, nascido em Carpineto Romano, a uns setenta quilômetros de Roma, onde existia um antigo convento cuidado, desde o século XIV, pelos Eremitas de Santo Agostinho. Após o confisco na época napoleônica, a família Pecci o readquiriu, e Gioacchino, o futuro pontífice [Leão XIII], realizou trabalhos de restauração e ampliação e, na metade do século XIX, o devolveu aos agostinianos.

Ademais, é óbvio que, para muitos, o nome Leão traz à memória pelo menos outras duas figuras. Permanecendo na dimensão "franciscana", evoca o Frei Leão, chamado afetuosamente por Francisco de Assis de "ovelhinha de Deus" por sua simplicidade e ternura, de quem foi confessor e secretário e que, de 1220 até a morte do santo, em 1226, esteve ao seu lado nos momentos mais importantes, como a escritura da Regra franciscana, a solicitação de aprovação do Papa Honório III e também quando, em 17 de setembro de 1224, no Monte Alverne, Francisco recebeu as estigmas.

Mas também evoca o primeiro papa a assumir esse nome, Leão I, chamado de "Magno" (apenas outro recebeu essa alcunha, Gregório I), devido à força com a qual defendeu a doutrina nas controvérsias cristológicas do século V e cuja intervenção dissuadiu, em 452, Átila da invasão de Roma e salvou os romanos durante a invasão dos vândalos de Genserico em 455; assim como o sucessor Leão X, que precisou enfrentar o desafio teológico de Martinho Lutero (que, por sinal, era um monge agostiniano antes de se distanciar de Roma), declarando-o herege e excomungado.

Em diálogo com Maria

Para a primeira visita fora do Vaticano, Leão XIV escolheu um dos seus "lugares do coração", o santuário da Mãe do Bom Conselho de Genazzano, a uns cinquenta quilômetros de Roma, na diocese suburbicária de Palestrina. Dirigida pelos agostinianos, [em 2025] estão acontecendo as festividades do 250º aniversário da sua fundação e já era previsto que, em novembro, a celebração final fosse presidida pelo cardeal Prevost.

Ele próprio confidenciou ter estado ali inúmeras vezes, em particular no primeiro dia em que foi nomeado prior-geral da Ordem, para oferecer a sua vida e seu ministério diante da prodigiosa e venerada efígie de Nossa Senhora do Bom Conselho, que também é patrona de sua província agostiniana de origem, a de Chicago. A pintura tem como modelo um dos mais venerados ícones bizantinos da Mãe de Deus, a *Eleousa* ou *Glykophilousa*, ou seja, a Mãe da Ternura, comprovada no Oriente desde o século VII e difundida no Ocidente por volta do século XII, do qual o exemplar mais conhecido exibe a Teótoco [Mãe de Deus] de Vladimir, protetora da Rússia.

Em seguida, Leão XIV concentrou-se em oração diante dos restos mortais de um beato muito significativo na história da Igreja e da Ordem Agostiniana, o trentino Stefano Bellesini, que foi o primeiro pároco da história a ser beatificado, em 1904, pelo Papa Pio X. Sua vida foi fascinante: ordenado sacerdote em 1797, devido à turbulência da era napoleônica, que tornara impossível o ministério dos religiosos, ele foi obrigado a retornar à região de Trento, onde havia fundado uma escola gratuita e se tornado tão influente a ponto de as autoridades locais o nomearem inspetor-geral das escolas de Trentino. Em 1817, pôde finalmente voltar à vida conventual, primeiramente em Bolonha e, em 1826, em Genazzano, onde gastou todas as energias no ministério pastoral e no trabalho caridoso, até morrer no dia 2 de fevereiro de 1840, acometido pela peste, enquanto buscava prestar assistência aos párocos.

Quando o rumor da presença de Leão XIV se espalhou, muitos residentes da área se reuniram imediatamente, e o pontífice lhes recitou de improviso palavras simples, mas tocantes: "Quis muito vir aqui nesses primeiros dias de ministério que a Igreja me concedeu. Com essa confiança na Mãe que não nos abandona, a Mãe do Bom Conselho que, durante tantos anos de serviço, sempre me acompanhou como uma luz, com sabedoria. É uma grande emoção. Há muitos anos a tenho no meu coração. Vocês têm uma grande dádiva com a presença da Nossa Senhora do Bom Conselho, mas isso significa que vocês têm uma grande responsabilidade. Uma mãe nunca abandona os filhos, mas os filhos também devem permanecer fiéis à mãe. Vivamos sempre com entusiasmo, seguindo Jesus Cristo como o belo exemplo de Maria, nossa Mãe. Infelizmente, não posso ficar mais tempo, devo ir embora logo, mas podemos finalizar essa visita com a bênção". E, à aclamação dos fiéis, "Viva o papa!", replicou com um sorriso "E viva Maria".

Na estrada de volta ao Vaticano, a segunda visita mariana, à basílica de Santa Maria Maior, para venerar o ícone *Salus Populi Romani*, tão amada também pelo seu antecessor. De fato, Francisco dirigiu-se até lá nada menos que 126 vezes durante os doze anos de pontificado: a primeira, em 14 de março de 2013, no seguinte à sua eleição, e a última, no dia 12 de abril de 2025, na vigília da Semana Santa; também a quisera na Praça de São Pedro no dia 27 de março de 2020, durante a *Statio Orbis*, que presidiu sozinho na época da pandemia da covid-19.

Leão XIV copiou o gesto de veneração tantas vezes realizado por Papa Bergoglio, ajoelhando-se em oração diante da ícone e lhe ofertando um buquê de flores. Então recolheu-se em silêncio diante da tumba na qual Francisco foi sepultado, no último 26 de abril, e pôs sobre sua lápide uma rosa branca, em um gesto de afeto e gratidão.

Ressoa o "Não tenham medo!"

Três dias depois da primeira aparição na sacada externa da basílica de São Pedro, no domingo de 11 de maio, Papa Prevost escolheu retornar à ela (no lugar da habitual janela do Palácio Apostólico) para a sua primeira oração do Regina Caeli e reflexão associada, na qual logo disse considerar uma dádiva de Deus "o fato de que o primeiro domingo do meu serviço como bispo de Roma fosse o do Bom Pastor, no qual Jesus se revela como o verdadeiro Pastor, que conhece e ama suas ovelhas e por elas dá a vida".

A coincidência com o Dia Mundial de Oração pelas Vocações lhe inspirou a analisar aquelas para os sacerdócios e para a vida religiosa: "A Igreja precisa muito delas! E é importante que os jovens e as jovens encontrem, em nossas comunidades, acolhimento, escuta, encorajamento no caminho vocacional e que possam contar com modelos críveis de dedicação generosa a Deus e aos irmãos. Façamos nosso o convite que Papa Francisco nos deixou na sua mensagem para o Dia de hoje: o convite para acolher e acompanhar os jovens. E peçamos ao Pai Celeste que seja um por todos, cada um com base na própria situação, pastores 'segundo seu coração', capazes de nos ajudar reciprocamente a caminhar no amor e na verdade. E aos jovens digo: 'Não tenham medo! Aceitem o convite da Igreja e de Cristo Senhor!'". Um convite que, em muitos, fez ressoar nos ouvidos a voz de João Paulo II em sua missa de início de pontificado meio século atrás.

Como de costume, depois da primeira parte mais espiritual, ao prosseguir, o pontífice abordou as problemáticas da realidade: "A imensa tragédia da Segunda Guerra Mundial, que terminou há oitenta anos, no dia 8 de maio, depois de ter feito sessenta milhões de vítimas. No atual cenário dramático de uma Terceira Guerra Mundial em parcelas, como muitas vezes afirmou Papa Francisco, dirijo-me também aos poderosos do mundo, repetindo o apelo sempre atual: 'Guerra nunca mais!'". Seu pensamento, obviamente, foi dirigido, em particular, ao Leste Europeu e ao Oriente Médio: "Levo no meu coração o sofrimento do amado povo ucraniano. Alcancem uma paz autêntica, justa e duradoura o mais rápido possível. Que sejam libertados todos os prisioneiros e que as crianças possam retornar para suas famílias. Dói-me profundamente o que acontece na Faixa de Gaza. Cessem imediatamente o fogo! Prestem socorro humanitário à população civil esgotada e liberem todos os reféns.

E mesmo que algum sinal de trégua deixe abertos espaços para a esperança, as dificuldades são constantes no horizonte: "Acolhi, por sua vez, com satisfação o anúncio do cessar-fogo entre Índia e Paquistão, e desejo que, durante as próximas negociações, possam chegar logo a um acordo duradouro. Mas existem muitos outros conflitos no mundo! Confio à Rainha da Paz esse apelo fervoroso para que seja ela a apresentá-lo ao Senhor Jesus e conseguir para nós o milagre da paz".

Sobre a tumba de Pedro

No início da manhã do domingo 11 de maio, Papa Prevost também se dirigiu até as Grutas Vaticanas para celebrar a missa diante da tumba de Pedro e prestar homenagem ao apóstolo, parando também em oração nos túmulos de alguns de seus antecessores. Aos poucos presentes, revelou que "durante os recentes trabalhos cardeais, falamos muito das vocações na Igreja e do quanto é importante que todos nós busquemos juntos, antes de tudo, dando bom exemplo, com alegria, vivendo a alegria do Evangelho, não desencorajando os outros, mas, sim, procurando modos melhores de encorajar os jovens a escutar e seguir a voz do Senhor e a servir na Igreja.

Então refletiu sobre a pergunta: "Quando pensa na sua vida, como explica onde chegou?", e propôs como resposta o verbo *ouvir*: "Quanto é importante ouvir! Jesus disse: 'As minhas ovelhas ouvem minha voz'. E acho importante todos nós aprendermos cada vez mais a ouvir, para entrar em diálogo, sobretudo com o Senhor: ouvir sempre a Palavra de Deus; depois, ouvir os outros também, saber construir pontes, saber ouvir para não julgar, não fechar as portas achando que detemos toda verdade e que ninguém mais pode nos dizer nada. É muito importante ouvir a voz do Senhor, nos ouvir, e, neste diálogo, entender para onde o Senhor está nos chamando".

O encontro de 12 de maio com os jornalistas – aos quais Leão XIV agradeceu por terem fugido "dos estereótipos e dos lugares-comuns que muitas vezes lemos sobre a vida cristã e a própria vida da Igreja" – foi introduzido, mais uma vez, por uma brincadeira: "Dizem que quando aplaudem no início não vale muito. Se ainda estiverem acordado no fim e quiserem aplaudir...". Depois, o discurso se tornou sério, evocando "o compromisso de levar adiante uma comunicação diversa, que não procura o consenso a todo custo, que não se reveste de palavras agressivas, que não separa nunca a procura pela verdade do amor, com o qual humildemente devemos buscá-la".

E retornou ao tema da paz, que "começa em cada um de nós, pelo modo como olhamos os outros, ouvimos os outros, falamos dos outros; e, nesse sentido, o modo como nos comunicamos é de fundamental importância. Devemos dizer 'não' à guerra das palavras e das imagens, devemos repelir o paradigma da guerra". Porque uma comunicação "desarmada e desarmante nos permite compartilhar um olhar diferente sobre o mundo e de agir de forma coerente com a nossa dignidade humana".

Dali, seguiu-se um grande apelo. Frisando "a solidariedade da Igreja com os jornalistas encarcerados por terem buscado relatar a verdade", pediu a libertação desses testemunhos, pois "a Igreja reconhece a coragem de quem defende a dignidade, a justiça e o direito dos povos de serem informados, porque apenas os povos informados podem fazer escolhas livres".

E a provocação final: "Promover uma comunicação capaz de nos fazer sair da 'Torre de Babel' na qual às vezes nos encontramos, da confusão de linguagens sem amor, muitas vezes ideológicas e partidárias. A comunicação, de fato, não é apenas transmissão de informações, e sim a criação de uma cultura, de ambientes humanos e digitais que se tornam espaços de diálogo e confronto. E, olhando para a evolução tecnológica, essa missão se torna ainda mais necessária. Penso, em particular, na inteligência artificial, com seu imenso potencial, a qual exige, contudo, responsabilidade e discernimento, a fim de orientar os instrumentos para o bem de todos, para que possam produzir benefícios para a humanidade".

No espaço de apenas duas semanas, antes do fim de maio, Leão XIV cumpriu, portanto, todas as tarefas costumeiras desse primeiro momento, começando com a missa solene para o início do pontificado, no dia 18, na Praça de São Pedro, passando pelas outras basílicas papais de Roma: no dia 20, a visita ao sepulcro do apóstolo Paulo, em São Paulo Extramuros; no dia 25, a tomada de posse da Cátedra Romana, em São João de Latrão, e, em seguida, a veneração da ícone *Salus Populi Romani*, na Santa Maria Maior. Também realizou a Primeira Audiência Geral, tão esperada pelos peregrinos, no dia 21, e o importante encontro com a Cúria Romana e os dependentes da cidade do Vaticano, no dia 24.

Ainda nesse tema, seguindo a tradição, entre os gestos imediatos do novo papa, houve a confirmação provisória, mediante a fórmula clássica *donec aliter provideatur* [enquanto não se providencia o contrário], de todos os responsáveis da Cúria Romana que em *sede vacante* tiveram seus cargos automaticamente suspensos, para que ele "tivesse um tempo para reflexão, para oração e diálogo, antes de qualquer nomeação ou confirmação definitiva". Os primeiros passos foram realizados, mas o caminho ainda será longo e desafiador.

CAPÍTULO 4

Os desafios

Os desafios que se apresentam a um novo papa, desde o momento em que é eleito, são basicamente as problemáticas ainda abertas, deixadas como herança pelo pontífice anterior, seja um percurso de renovação já iniciado que não se concluiu ainda, sejam determinadas posições do antecessor que precisam ser desenvolvidas teologicamente ou que precisam ter a aplicação mais detalhada.

Em relação ao conteúdo do pontificado que acabou de terminar, sobre o qual muito já foi escrito, e obviamente ainda mais sobre seus êxitos, haverá tempo e espaço para os aprofundamentos dos históricos e dos exegetas. Resumindo ao máximo, pode-se destacar que o Papa Francisco sempre afirmou ter acolhido "tudo que os cardeais haviam dito nas reuniões pré-Conclave sobre o que o próximo papa deveria realizar. Também falamos das coisas que deviam ser mudadas, os pontos que deviam ser abordados. Aquilo que coloquei em ação foi o que me foi pedido. Acredito que não haja nada de original da minha parte, mas comecei tudo que havíamos decidido juntos".

Realmente, o primeiro e mais repetido slogan do Papa Bergoglio é resumido na sua afirmação de que "o tempo é superior ao espaço", com o qual pretendia dizer que os numerosos processos iniciados por ele tinham um horizonte a longo prazo, sem a obsessão de resultados imediatos, também suportando "com paciência situações difíceis e adversas, ou as mudanças de planos que a dinâmica da realidade impõe".

Ao mesmo tempo, ele pretendia frisar que "nem todas as discussões doutrinais, morais ou pastorais devem ser resolvidas com intervenções do magistério. Naturalmente, na Igreja, é necessária uma unidade de doutrina e de práxis, mas isso não impede que existam modos diferentes de interpretar alguns aspectos da doutrina ou algumas consequências que derivam dela".

Em um compêndio proposto pelo padre Antonio Spadaro, no livro *L'atlante di Francesco* [O atlas de Francisco: Vaticano e política internacional, em tradução livre], os outros três princípios que guiaram a ação do pontífice foram: "A união prevalece sobre o conflito" (é necessário aceitar os conflitos, responsabilizar-se por eles, mas sem permanecer encurralado neles; não significa focar a absorção do outro, e sim a resolução em um plano superior, que conserva em si as preciosas potencialidades das polaridades em conflito); "A realidade é mais importante do que a ideia" (a realidade simplesmente é, ao passo que a ideia é fruto de uma elaboração que corre sempre o risco de acabar no sofisma, destacando-se do real, ou até no totalitarismo, se a ideia deseja se impor sobre a realidade); "O todo é superior à parte" (precisa-se ampliar o olhar para sempre reconhecer um bem maior; nesse sentido, é necessário prestar atenção à dimensão global para não cair no regionalismo, e, ao mesmo tempo, não perder de vista a dimensão regional dos processos).

Essas coordenadas para ações terão, de alguma forma, um impacto nas iniciativas, particularmente no início, de Leão XIV, mesmo que ainda tenha legitimidade aquilo que disse Paulo VI, de modo irônico, em 22 de janeiro de 1968, ao comentar aquele caso com o colaborador monsenhor Annibale Bugnini sobre o tema da reforma litúrgica: "Um papa cria uma bula e outro desfaz a bula, e não gostaria de que quem viesse depois de mim relatasse tudo ao *statu quo*".

Resta, contudo, o fato de que o pontificado de Francisco abriu muitíssimas frentes e, por isso, as sucintas análises das páginas seguintes não poderão detalhar cada faceta das diversas problemáticas apresentadas, nem esgotar todos os temas postos à mesa. Mas a tentativa é documentar pelo menos os fundamentos essenciais e os questionamentos mais urgentes, os "nós" que deverão ser desfeitos no futuro próximo para responder às perguntas existenciais que, em voz alta, continuam a ser levantadas não apenas pela comunidade eclesiástica, mas também pelas vozes mais influentes de uma sociedade que fita a Igreja Católica como um farol de valores e de certezas ainda capaz de iluminar os dias difíceis que o mundo está atravessando.

Enfim, para compreender melhor a transição de poder que ocorreu em 2013 entre Papa Ratzinger e Papa Bergoglio, e que agora reaparece no início do novo pontificado, talvez seja útil uma citação do filósofo Benedetto Croce, o autor de *Perché non possiamo non dirci 'cristiani'* [Por que não podemos não nos chamar cristãos, em tradução livre], que marcou os anos entre a Segunda Guerra Mundial e o pós-guerra, na qual afirmou que "o cristianismo foi a maior revolução que a humanidade já realizou; tão grande, tão abrangente e profundo, tão gerador de consequências, tão inesperado e irresistível em sua atuação, que não é um espanto ter surgido ou que ainda possa surgir um milagre, uma revelação de cima, uma intervenção direta de Deus nas coisas humanas, que Dele receberam lei e orientação totalmente novas".

Sem dúvida, o recém-eleito papa tem sobre os ombros o fardo de conduzir ao futuro uma Igreja que muitos consideram exaurida, embora conte com o apoio de toda a comunidade eclesiástica e com o auxílio do Espírito Santo.

Escolhido no ano do Jubileu Ordinário do Nascimento de Jesus Cristo, a idade deve lhe permitir celebrar a preparação e o desenvolvimento do bimilenário de sua ressureição, em ano santo extraordinário já previsto para 2033. Será um desafio até mais histórico por repropor a um mundo em crise a certeza da vitória do Salvador, na qual se pode, ao mesmo tempo, confiar a riqueza do magistério e da tradição eclesiástica e as sementes plantadas para a regeneração da Igreja, sobretudo pelos mais recentes pontífices, que em parte já começaram a florescer. O trabalho de limpeza começou, agora trata-se de tirar toda a poeira.

Anúncio da fé

Os números são impiedosos. De acordo com o último *Anuário Estatístico da Igreja,* com dados atualizados no fim de 2023, em comparação com o ano anterior, os católicos no mundo aumentaram em 1,15%, passando de 1.390 bilhões para 1.460 bilhões de batizados. No entanto, esse dado aparentemente positivo contrasta com a efetiva prática religiosa, que há um tempo vê progressivamente reduzida a frequência na missa dominical, de certa forma, o "mínimo esforço" de um bom católico.

Em relação aos praticantes semanais, pesquisas recentes do instituto de pesquisa italiano Censis e dos estadunidenses Pew Research e Applied Research in the Apostolate revelaram que, entre as principais nações europeias, "brilha" a Itália, com 19% da população (mas evidencia-se a redução para quase a metade dos 36% de apenas vinte anos atrás), seguida da Espanha (10%), da Alemanha (9%) e, na lanterna, a França (5%), embora, em teoria, esses países apresentem uma incidência de católicos que oscila entre 70% e 90% dos habitantes.

Nos Estados Unidos, dos 19% da população que se declara católica, apenas um em cada seis frequenta a missa toda semana (e é ainda mais preocupante a revelação de que, constantemente, para cada cem pessoas que se juntam à Igreja católica, 840 a abandonam). Uma porcentagem similar também se manifesta no Canadá e na Austrália. Apenas em algumas nações da África, em particular Nigéria e Quênia, a porcentagem ultrapassa os 70% e, nesse continente, é registrado também o maior crescimento global anual de católicos, com aumento de 272 milhões para 283 milhões (+3,3%). Menos indicativa é a análise completa da Ásia, porque a quase totalidade dos católicos se concentra nas Filipinas e, em segundo lugar, na Índia.

O questionamento urgente de como "fazer crescer a inteligência e a transmissão da fé a serviço da evangelização, para que sua luz seja o critério de compreensão do significado da existência, sobretudo diante das demandas impostas pelo progresso das ciências e pelo desenvolvimento da sociedade" – palavras pronunciadas por Francisco em motu próprio *Fidem servare* [Conservar a fé] –, emerge, então, como seu imediato legado espiritual ao sucessor.

Além disso, essa passagem de bastão vem na sequência do que Bento XVI já havia feito com Francisco em 2013, confiando a ele o prosseguimento do Ano da Fé e lhe entregando o esboço da encíclica publicada em julho daquele ano, com o título *Lumen fidei* [a luz da fé], no qual, com letras claras, estava afirmado que "a fé não é um fato privado, uma concessão individualista, uma opinião subjetiva, e, sim, nasce de uma escuta e é destinada a se pronunciar e a se tornar anúncio".

Nessa dinâmica, é fundamental a correta conscientização do que Bento XVI afirmou, em 2007, no Santuário de Nossa Senhora Aparecida, no Brasil: "A igreja não faz proselitismo. Ela se desenvolve melhor pela 'atração'". Uma frase reapresentada de forma literal por Francisco na encíclica de 2013, *Evangelii Gaudium*.

Indo além das polêmicas sobre a diferença entre a pressão do "proselitismo" e o testemunho da "evangelização", manifesta-se a necessidade de reagir ao evidente ressecamento da motivação missionária, não apenas nos lugares distantes, onde o "primeiro anúncio" ainda não chegou ou acabou de começar, mas também nos países de evangelizações mais antigas, onde a chama da fé parece ter sido reduzida a uma luzinha.

Resumindo, o desafio é aquele sintetizado pelo Papa Bergoglio em várias mensagens para a Jornada Missionária Mundial: "A igreja não é uma organização assistencial, uma empresa, uma ONG, é uma comunidade de pessoas, empolgadas pela ação do Espírito Santo, que viveram e vivem o estupor do encontro com Jesus Cristo e que desejam compartilhar essa experiência de profunda alegria, compartilhar a mensagem de salvação que o Senhor nos trouxe". O fenômeno relatado em várias nações na Vigília Pascal de 2025, com um número crescente de adultos que pediram o batismo, é um sinal positivo nessa direção.

Finanças vaticanas

Quando se fala das finanças vaticanas, o imaginário coletivo volta-se imediatamente para o escândalo do Ior – Instituto para as Obras de Religião – nos anos 1980 (os de Marcinkus, Sindona e Calvi), ligado ao espectro da falência do Banco Ambrosiano, que induziu a Santa Sé ao pagamento de 406 milhões de dólares para o ressarcimento parcial das vítimas da falência.

Nesse meio-tempo, o processo de renovação dos organismos econômico-financeiros da Santa Sé avançou. Se pensarmos que, em março de 2012, o departamento de Estado dos Estados Unidos inserira o Vaticano entre os países de risco para lavagem de dinheiro e que, em janeiro de 2013, o Banco da Itália afirmara que "faltam à Cidade do Vaticano uma regulamentação bancária e o reconhecimento europeu de 'equivalência' contra a lavagem de dinheiro", parece notável que o "banco vaticano" tenha sido aprovado, em 2024, em quase todas as 39 exigências do comitê de avaliação de medidas contra a lavagem de dinheiro Moneyval.

Sob o aspecto da sustentabilidade dos orçamentos, contudo, ainda há muito a se fazer. De fato, embora a Santa Sé possua um patrimônio artístico e imobiliário valioso, a maior parte desse bens de valor imensurável não pode, obviamente, ser comercializada. Os relatos jornalísticos narram que, na morte de Bento XV, em 1922, descobriu-se que sua generosidade na época da guerra havia esvaziado os caixas, ao ponto de ter sido necessário um empréstimo para organizar o Conclave. E apenas depois do ressarcimento de dois bilhões de euros (em valores atuais), reconhecido pela Itália em 1929, pela aquisição forçada dos territórios do Estado Pontifício em 1870, pôde-se reconstruir a reserva e ampliar o patrimônio imobiliário (do qual somente 30% traz renda).

Contudo, cada vez mais ao longo do tempo, as entradas resultam constantemente incapazes de sustentar as saídas. O último balanço consolidado, de 2023, mostra como – excluindo os dois hospitais, o Bambin Gesú [Menino Jesus] e a Casa Sollievo della Sofferenza [Casa Alívio do Sofrimento], que têm problemas a parte –, as entradas somam 438 milhões de euros, enquanto os gastos dispararam para 484 milhões (dos quais 167 para os quase 5 mil dependentes), com um déficit que basicamente é coberto por contribuições do Governatorato (que gere os Museus Vaticanos), da Apsa – Administração do Patrimônio da Sé Apostólica (que cuida dos imóveis, sobretudo em Roma, Paris, Londres e Suíça) e do Ior.

Outra contribuição vem da arrecadação anual de doações do chamado "Óbulo de São Pedro", cujo último relatório, de junho de 2024, indicou saídas de 103 milhões de euros e entradas de 52 milhões (quase a metade se comparado aos 87 milhões de 2012): 90 milhões foram para cobrir uma parte do orçamento da Santa Sé, retirando uma quota das reservas, enquanto o resto financiou, com mais 32 milhões de outras fontes à disposição do papa, 236 projetos sociais e caridosos em 76 países.

Francisco tentou amortecer o rombo estrutural desses 50-70 milhões já crônicos do déficit anual instituindo novas estruturas de controle e orientação (como a Secretaria para a Economia), contendo novas admissões, promulgando normas sobre a transparência e a concorrência dos contratos públicos no Vaticano e confiando à Apsa a gestão administrativa dos fundos da Secretaria de Estado.

Adotou também, em 2021, procedimentos impopulares, como a redução dos gastos dos cardeais (10%), dos chefes de dicastérios e dos secretários (8%) e de todos os sacerdotes, religiosos e religiosas em serviço na Santa Sé (3%), além da suspensão de uma diuturnidade para os dependentes laicos; e, em 2023, a abolição, embora com exceções, da hospedagem gratuita ou do aluguel para os dirigentes da Santa Sé; até ainda, em 2024, o cancelamento das indenidades do cargo para os chefes de dicastérios e das gratificações para a Secretaria.

Contudo, o simples corte dos gastos não pode evidentemente ultrapassar um certo limite. Demonstrando a urgência da situação, a qual o levou a agir sem hesitação, o último documento promulgado pelo Papa Bergoglio, assinado no último 11 de fevereiro, mas que se tornou conhecido apenas no dia 26, instituía a Comissão para as Doações em favor da Santa Sé, com a tarefa de incentivar as ofertas mediante campanhas adequadas entre os fiéis. Um sinal alarmante e, com certeza, um legado inconveniente para Leão XIV.

Autoridade moral

A Santa Sé, pela sua qualidade dupla de titular da soberania do Estado da Cidade do Vaticano e de supremo órgão representativo da Igreja Católica, é tradicionalmente considerada a mais significativa autoridade moral no âmbito das relações diplomáticas, graças também ao recorde de relações bilaterais com cerca de 184 Estados: entre os poucos ausentes estão Afeganistão, Arábia Saudita, Butão, China e Coreia do Norte, enquanto condições sociopolíticas e tensões internas veem, momentaneamente, a *sede vacante* em Mianmar, Eritreia, Haiti, Iraque, Nicarágua, Níger e Sudão.

Sem dúvida, a autoridade da Sede Apostólica deriva do papa e, muitas vezes, no passado, bastou uma intervenção determinante do pontífice no cargo para resultados imediatos e duradouros terem sido alcançados. Por exemplo, no outono de 1962, quando estava ao ponto de eclodir o conflito nuclear entre Estados Unidos e União Soviética, durante a chamada "crise dos mísseis de Cuba", João XXIII enviou um apelo a John Fitzgerald Kennedy e a Nikita Krusciov, e, após três dias apenas, os líderes das duas superpotências chegaram a um acordo e criaram as condições para o afrouxamento das tensões entre os países.

Entre 1978 e 1985, viu-se um incansável empenho da parte de João Paulo II para evitar o conflito armado que parecia iminente entre Chile e Argentina, com a mediação dos cardeais Agostino Casaroli e Antonio Samorè, o que se concluiu positivamente em maio de 1985, no Vaticano, com a solene ratificação do Tratado de Paz e Amizade. Empenho semelhante aconteceu na metade de 1982, no contexto do conflito militar entre Argentina e Reino Unido pela posse das ilhas Malvinas. Alguns dias depois da visita já programada à Grã-Bretanha, do dia 28 de maio a 2 de junho daquele ano, Papa Wojtyla realizou uma viagem-relâmpago para o país sul-americano, nos dias 11 e 12 de junho, a fim de manifestar seu "compromisso em obter a paz e me encontrar com os filhos de ambos os países".

Nos primeiros anos do pontificado de Francisco, suas intervenções se evidenciaram: em junho de 2014, no Vaticano, junto ao patriarca ecumênico de Constantinopla, Bartolomeu, para uma "invocação da paz" com o presidente israelita, Shimon Peres, e o palestino, Abu Mazen; em dezembro daquele mesmo ano, entre Estados Unidos e Cuba, quando, depois de um acordo assinado no Vaticano com a presença do cardeal Pietro Parolin, chegou o anúncio simultâneo de Barack Obama e Raul Castro para a reabertura das relações diplomáticas entre os dois países; em 2017, entre o governo da Colômbia com as Forças Armadas Revolucionárias Colombianas (Farc) e o Exército de Libertação Nacional (ELN) para a consolidação do processo de paz na nação.

Mais recentemente, essa autoridade influente parece, contudo, ter perdido a força, como demonstrou a ineficácia das tentativas de mediação do conflito entre Rússia e Ucrânia, realizadas pelo cardeal Matteo Zuppi, enviado pessoalmente por Francisco a Kiev, Moscou, Pequim e Washington. A missão, que, de fato, se desenvolveu superando o tradicional papel diplomático da Secretaria de Estado do Vaticano, não foi além da facilitação do reencontro familiar das crianças ucranianas e da troca de prisioneiros.

Ademais, algumas afirmações imprudentes do pontífice também não favoreceram as possibilidades de diálogo, desagradando ambos os lados da trágica situação. A Rússia não gostou das palavras direcionadas ao patriarca ortodoxo Kirill, que "não pode se transformar no coroinha de Putin"; a Ucrânia não apreciou o convite para a rendição: "Acredito que o mais forte seja quem tem a coragem de levantar a bandeira branca"; ao passo que os aliados não apreciaram nem um pouco a acusação relativa ao "latir da Otan na porta da Rússia".

Contudo, o ponto mais sensível, com base no parecer dos analistas vaticanistas, diz respeito à República Popular da China, com a qual, em 2018, estipulou um *Acordo Provisório sobre a nomeação dos bispos*, renovado em 2020, em 2022 e, no último outubro de 2024, por mais quatro anos. O desejo da Santa Sé de sanar a antiga ruptura entre a Igreja autorizada pelo Estado (definida como "patriota") e a clandestina (autodenominada "subterrânea") não foi correspondido com a mesma boa vontade pela parte chinesa.

Além disso, o sigilo que ainda circunda o texto não permite uma avaliação plena, mesmo que os boatos digam que a escolha dos novos bispos cabe a Pequim, e o papa pode apenas aceitá-la ou não depois. Uma solução oposta àquela já experimentada no Vietnã, e que estava nas aspirações do Vaticano, em que é o papa quem deve indicar um trio de nomes, enquanto o governo do país fica com a possibilidade de veto. Sendo assim, já aconteceu de um bispo "patriota" ser imposto na China (Joseph Shen Bin, de Xangai), enquanto um "subterrâneo" era preso reiteradamente (Peter Shao Zhumin, de Wenzhou, encarcerado mais uma vez no dia 10 de abril de 2025).

Todavia o desafio se amplificou ainda mais a partir do último 1º de maio, depois da entrada em vigor das novas *Regras para a atuação das disposições sobre a administração das atividades religiosas dos estrangeiros.* Agora, podem participar das atividades religiosas organizadas por estrangeiros apenas outros estrangeiros, exceto em casos excepcionais expressamente aprovados pelas autoridades; as atividades religiosas com participação de cidadãos chineses devem ser lideradas de forma exclusiva pelo clero chinês, em locais de culto reconhecidos pelo governo; a pregação feita por estrangeiros pode acontecer somente após o convite formal de uma organização religiosa reconhecida, e os conteúdos devem ser aprovados pelas autoridades; os estrangeiros não podem fundar escolas religiosas, publicar livros religiosos, nem acolher chineses como discípulos.

Crimes sexuais

Em novembro de 2023, Francisco respondeu com honestidade a uma pergunta sobre o problema dos abusos sexuais e da pedofilia no clero: “Ainda há muito o que se fazer”. Uma década atrás, em 2014, houve uma conscientização explícita por parte da instituição, que estabeleceu a Pontíficia Comissão para a Tutela dos Menores e das Pessoas Vulneráveis e, depois, o *Motu Proprio* de 2016, que previa a remoção do bispo diocesano em caso de grave ausência de diligência ao lidar com casos similares.

Mas, na realidade, uma ação determinante para o enfretamento dos crimes sexuais cometidos pelos religiosos já havia sido iniciada mesmo antes de Papa Bergoglio, em particular com a disposição de João Paulo II, em 2001, que elevou à máxima gravidade o abuso cometido por um clérigo com um menor de 18 anos, e com a carta de 2011, na qual Bento XVI sancionou a obrigação de cada bispo dar uma resposta adequada aos casos de abuso sexual com menores cometidos por clérigos na sua diocese.

Mais recentemente, Francisco deu outro passo definitivo, em 2021, quando entraram em vigor as novas *Normas sobre os delitos reservados à congregação para a doutrina da fé.* E, pela primeira vez, no Vade Mecum explicativo foi deixado às claras, sem falsos pudores, que isso se refere a uma casuística de largo espectro, como "relações sexuais (consentidas e não consentidas), contato físico com base sexual, exibicionismo, masturbação, produção de pornografia, indução à prostituição, conversas e/ou propostas de caráter sexual também por meios de comunicação".

Qualquer acusação, informal ou anônima, e até mesmo vaga ou indeterminada, "deve ser adequadamente avaliada e, no limite do possível, aprofundada com a devida atenção". Em todo caso, "também na ausência de uma obrigação normativa explícita, a autoridade eclesiástica presente denuncia às autoridades civis competentes toda vez que considere que isso é indispensável para proteger a pessoa ofendida ou outros menores do perigo de outros atos delituosos". E, ainda mais, deve evitar a escolha, tragicamente feita algumas vezes no passado, "de organizar apenas uma transferência do clérigo envolvido, considerando que seu afastamento do lugar do alegado delito ou das supostas vítimas seja uma solução satisfatória do caso".

Contudo essa clareza profunda e a boa vontade na intervenção não corresponderam com a dura realidade dos fatos, como notícias mais ou menos recentes evidenciaram de forma dramática. Na memória coletiva, estão marcados casos clamorosos de líderes eclesiásticos, como Marcial Maciel (fundador da congregação dos Legionários de Cristo) ou Theodore McCarrick (ex-cardeal estadunidense reduzido ao estado laical), mas também de iniciadores de grupos de caridade católicos, como o abade Pierre (movimento Emaús pelo combate à pobreza e pela ajuda às pessoas em situação de rua) ou Jean Vanier (comunidade A Arca para pessoas com deficiências mentais).

Isso para não falar das tristes situações de comunidades consolidadas que foram suprimidas pelo império, como a de Loyola (cofundada pelo ex-jesuíta Marko Ivan Rupnik, acusado de múltiplos abusos sexuais de freiras e já excomungado por perdão de um cúmplice no pecado do sexto mandamento) ou o Sodalício de Vida Cristã (cujo fundador, Luis Fernando Figari, foi considerado culpado de abusos).

Existe também uma questão que diz respeito às agregações eclesiásticas. Como evidenciou o relatório de uma investigação interna realizada pelo Movimento dos Focolares, existem abusos também por parte dos leigos, (que não se enquadram na normativa prevista para os religiosos, mas que não podem ser ignorados nem ocultados, na esperança de intervenções posteriores), os quais representam hoje um desafio urgente e inevitável para o Dicastério para os Leigos.

Foi evidenciado pelos analistas que, percentualmente, os casos no âmbito católico são inferiores aos de outros grupos religiosos ou do círculo familiar. É indiscutível que essa observação não serve de consolo: a "tolerância zero" pedida por Francisco é a única resposta possível.

Ecologia integral

A particular atenção de Francisco pela temática ecológica e sua opinião sobre a mudança climática representaram uma das questões mais complexas do seu pontificado, suscitando inclusive divergências interpretativas e contestações às teorias feitas por ele com base em alguns de seus documentos mais significativos sobre o tema.

De fato, Papa Bergoglio publicou, em 2015, a carta *Laudato si'* sobre o cuidado da casa comum e, em 2023, a exortação *Laudate Deum* sobre a crise climática, mas teoricamente acrescentou a esses outros textos do seu magistério, como a encíclica de 2020 *Fratelli tutti* sobre fraternidade e a amizade social, na certeza de que "a deterioração da natureza está intimamente ligada à cultura que modela a convivência humana" e que "cuidar do mundo que nos circunda e nos sustenta significa cuidar de nós mesmos".

João Paulo II pareceu ter uma consciência antecipada e olhar profético quando, na *Centesimus annus* de 1991, formalizou a necessidade de se "proteger as condições morais de uma autêntica 'ecologia humana'", pois "a Terra foi dada por Deus ao homem, que a deve usar respeitando a intenção originária de bem". Do contrário, no caso em que o homem "tomado pelo desejo de ter e desfrutar, mais do que ser e crescer, consuma de forma excessiva e desorganizada os recursos da Terra", explicava Papa Wojtyla, "em vez de desempenhar seu papel de colaborador de Deus na obra da criação, substitui Deus e assim acaba provocando a rebelião da natureza, antes tiranizada do que governada por ele".

Em 2009, Bento XVI afirmou na *Caritas in veritate*, que "a Igreja tem uma responsabilidade pela criação e deve fazer valer essa responsabilidade também em público. E, ao fazer isso, deve defender não apenas a terra, a água e o ar, como também dádivas da criação, pertencentes a todos. Deve proteger sobretudo o homem da destruição de si mesmo. A deterioração da natureza está intimamente ligada à cultura que modela a convivência humana: quando a 'ecologia humana' é respeitada dentro da sociedade, a ecologia ambiental também se beneficia disso".

Diferentemente dos seus antecessores imediatos, Papa Bergoglio procurou ir mais a fundo na tentativa de denunciar o que está na origem da questão ambiental, entrando assim, em certo sentido, diretamente na arena política. E o que suscitou reações de teores divergentes foi exatamente o uso maciço de pesquisas científicas funcionais para sustentar a atribuição das mudanças climáticas e da degradação ambiental à atividade humana, o que cientistas de opiniões diferentes contestaram com outros estudos que colocam em dúvida as afirmações precedentes, ao ponto de ganhar vida o manifesto *Não há uma emergência climática*, assinado por cerca de dois mil docentes universitários e especialistas de todo o mundo, em contraposição aos relatórios recentes da organização Intergovernmental Panel on Climate Change.

Devolvendo, é claro, as próximas etapas do confronto às mãos daqueles que estudam oficialmente a problemática, fica aberto o questionamento se é oportuno ou não inserir em um texto magistral do pontífice uma corrente específica de pensamento científico, sobretudo em tempos em que até atividades financeiras e econômicas têm interesses significativos em tais processos. E, nesse caso, deixamos a bola com os teólogos.

Ao novo papa, além da Agenda 2030 da ONU sobre a mudança climática, compete, por sua vez, o desafio de fazer compreender que o objetivo não pode ser a simples proteção do meio ambiente, e sim a custódia integral da criação, tornando eficaz a "conversão ecológica", o que já representa o importante legado que se estendeu desde João Paulo II, passando por Bento XVI e Francisco.

Crise dos carismas

Daquilo que foi definido como o "despertar dos carismas", após o Concílio, hoje já se perdeu o rastro, junto com o fermento que havia provocado o pleno florescimento de muitas realidades eclesiásticas, alguma já nascidas e outras surgidas na onda de empolgação daquele período para apoiar a histórica Ação Católica. Desde o Movimento dos Focolares até a Comunhão e Libertação, das comunidades Neocatecumenais aos grupos Carismáticos, das realidades leigas ligadas ao Opus Dei e aos Legionários de Cristo até a Comunidade de Sant'Egídio, sem falar das inumeráveis associações menores.

Parece que um século se passou desde então, contudo, não faz nem trinta anos desde que, na Pentecostes de 1998, João Paulo II irrompeu com sua saudação entusiasmada a dezenas de milhares de jovens reunidos na Praça de São Pedro para o inédito encontro comunitário: "Existe hoje uma necessidade de personalidades cristãs maduras, conscientes da própria identidade batismal, da própria vocação e missão na Igreja e no mundo! E eis aqui, então, os movimentos e as novas comunidades eclesiásticas: eles são as respostas, suscitadas pelo Espírito Santo, a esse desafio dramático do fim do milênio. Vocês são essa resposta providencial".

Contudo Papa Wojtyla já assinalava com honestidade as problemáticas que poderiam se apresentar no horizonte, reconhecendo que seu nascimento e difusão tinham levado para a vida da Igreja uma novidade inesperada, e talvez até revolucionária, mas "isso não deixou de provocar questionamentos, transtornos e tensões; por vezes, implicou presunções e excessos de um lado, e não menos preconceitos e reservas do outro. Hoje, diante de vocês, abre-se uma etapa nova: a da maturidade eclesiástica.

De fato, um sinal de que alguma coisa havia travado foi a permanência das mesmas pessoas na liderança de diversas comunidades por um longo período, ao ponto de o Dicastério para os Leigos ter promulgado, em 2021, um decreto no qual foram indicados cinco anos como duração máxima dos mandatos no órgão central de governo a nível internacional, renováveis apenas uma vez. Na base de tal procedimento, esteve a dura acusação de que "não raramente a falta de limites nos mandatos de governo favorece, em quem é chamado para governar, formas de apropriação do carisma, personalismos, centralização das funções, bem como expressões de autorreferencialidade, que facilmente produzem graves violações da dignidade e da liberdade pessoal e, inclusive, os próprio abusos".

Como consequência, diversas agregações leigas tiveram que modificar a própria estrutura de liderança (por exemplo, Renovação do Espírito e Novos Horizontes), enquanto outras foram colocadas sob vigilância por causa de problemas específicos durante esse processo de mudança. Em particular, a fraternidade de Comunhão e Libertação terá até 2031 um presidente indicado pela Santa Sé, ao passo que a correspondente associação Memores Domini tem na liderança um arcebispo como delegado especial desde 2021.

Até entidades mais complexas foram envolvidas nos processos de transformação. A Opus Dei, que era uma prelazia pessoal, com bispo, clero e fiéis, se tornou uma associação pública clerical, enquanto os leigos voltaram a depender canonicamente dos respectivos párocos e bispos diocesanos; o movimento Regnum Christi, que era o braço leigo da congregação dos Legionários de Cristo, foi constituído como federação, da qual pertencem basicamente os consagrados; a associação internacional Arautos do Evangelho, em 2019, foi colocada temporariamente sob a liderança de um cardeal.

Contudo, essas novas diretivas jurídicas respondem, no máximo, a uma reorganização formal, enquanto o que parece urgente é a valorização daquele "sopro do Espírito', que está sempre vivo na comunidade dos fiéis, mas que deve ser auxiliado pelos pastores a vir à luz para poder ser uma semente do renascimento da missionariedade leiga, sobretudo entre as jovens gerações, nas escolas e nas universidades, como ocorria nas décadas finais do século XX, na época dos chamados "papaboys".

Papel da mulher

Para o debate centenário sobre o papel da mulher na Igreja, os últimos pontificados ofereceram uma nítida aceleração, começando por João Paulo II que, na carta de 1988 *Mulieris dignitatem* [A dignidade da mulher], dedicou grande atenção à presença feminina na missão da Igreja. Como exemplo significativo, evidenciou a função específica de Maria Madalena, aquela que a tradição considera de forma errônea ter sido uma prostituta, mas que, na verdade, foi a primeira testemunha da ressurreição de Cristo.

Talvez tenha parecido pouco relevante do ponto de vista laico, mas, a nível eclesiástico, a decisão tomada por Francisco, em 2016, de elevar a liturgia de Madalena de memória obrigatória à festa, tal como a da maioria dos apóstolos, foi um evento notável. Entre as santas, de fato, nesse nível existem basicamente as copadroeiras da Europa, ao passo que outras de grande notoriedade, como a Madre Teresa de Calcutá, possuem "apenas" a memória facultativa.

Em relação a atitudes práticas, a valorização das mulheres testemunhou, no pontificado recente, um salto à frente, embora ainda em evolução, com as inéditas nomeações para cargos mais altos dos dicastérios romanos, o que representou realmente uma ruptura com a tradição curial. Foi a concretização do desejo proposto por Papa Bergoglio: "a índole feminina é necessária nos lugares em que decisões importantes são tomadas. O desafio de hoje é exatamente este: refletir sobre o papel específico da mulher exatamente onde se exercita a autoridade nos vários âmbitos da Igreja".

Uma lista que vai desde a irmã Simona Brambilla, prefeito (ou melhor, *prefeita*, como ama se autodeclarar afetuosamente) do Dicastério para os Institutos de Vida Consagrada, e que tem como vice um cardeal, à irmã Alessandra Smerilli, que se tornou a número dois do Dicastério para o Serviço do Desenvolvimento Humano Integral, à irmã Raffaela Petrini, presidente do Governo da Cidade do Vaticano, até as leigas Linda Ghisoni e Gabriella Gambino, subsecretárias do Dicastério para os Leigos, e Barbara Jatta, diretora dos Museus do Vaticano.

Em destaque, há também a formalização, em 2021, da abertura do ministério laical do Leitorado e do Acolitado às mulheres, o que exigiu uma modificação explícita do cânon 230 do Código de Direito Canônico, em que foi eliminada a especificação sobre os leigos "de sexo masculino". E, para resolver uma questão surgida em 2013, quando Francisco realizou, no centro de detenção juvenil de Casal del Marmo, em Roma, a lavagem dos pés da Quinta-feira Santa em duas jovens, em contraste com a rubrica missal romana que previa apenas a participação de "doze homens", em 2016, promulgou um decreto que permite aos pastores da Igreja "escolher entre todos os membros do Povo de Deus os participantes do rito".

Enérgica, sobretudo em nações como a Alemanha, foi a reinvindicação do sacerdócio feminino, a qual, contudo, foi absolutamente rejeitada por Francisco. Para a opinião de que "às mulheres seriam concedidos um status e uma participação maior na Igreja apenas se lhes fosse dado acesso ao sacramento da Ordem", respondeu que "essa visão limitaria as prospectivas e nos orientaria a clericalizar as mulheres". Além disso, em outras ocasiões, ele também reiterou o que já havia sido decretado por João Paulo II, em 1994: "Declaro que a Igreja não tem de nenhuma forma o poder de conferir às mulheres a ordenação sacerdotal e que essa decisão deve ser mantida de forma definitiva por todos os fiéis da Igreja".

Mas a discussão sobre a possibilidade do diaconato feminino ainda está viva, um ponto espinhoso com o qual o novo papa provavelmente terá de lidar e solucionar. Em 2016, Francisco constituíra uma comissão de estudos, a qual, todavia, não obteve conclusões definitivas. Por isso, em 2020, tentou mais uma vez, com uma nova comissão, à qual confiou a tarefa específica de se basear na Revelação e na tradição histórica da Igreja. E, como viático, na recente autobiografia *Esperança: a autobiografia*, Papa Bergoglio manifestou sua última abertura a esse respeito: "A questão do acesso das mulheres ao ministério diaconal, sobre a qual é necessário prosseguir o discernimento, permanece aberta a estudos".

Doutrina "criativa"

Na exortação do fim de 2013 *Evangelii Gaudium*, o "manifesto programático" do seu pontificado, Francisco explicou que a pastoral não deve assumir como modelo "a esfera, na qual cada ponto está equidistante do centro e não existem diferenças entre um ponto e o outro", mas, sim, "o poliedro, que reflete a confluência de todas as parcialidades, que nisso mantêm sua originalidade".

Uma mensagem vagamente enigmática que, contudo, pode encarnar a ambivalência das mensagens por vezes lançadas por Papa Bergoglio, em um equilíbrio instável entre a criatividade doutrinal e a abertura para o mundo, de um lado, e o magistério vinculante e a fidelidade à tradição, do outro lado. Desse modo, valeu também para ele um questionamento desafiador que fez em 2023: "Vamos nos perguntar: eu sou uma pessoa que divide ou uma pessoa que compartilha?"; ao qual pode-se juntar a frase que lhe foi atribuída no fim de 2016: "Não está descartado que passarei pela História como aquele que dividiu a Igreja católica".

Nessa última circunstância, fazia referência ao quanto se encontrava no limite entre moral e pastoral, depois da exortação *Amoris laetitia* [A alegria do amor] de março daquele ano, com a contestação em particular de uma anotação ambígua no texto que permitia "em certos casos" receber a eucaristia quem, no âmbito matrimonial, "vive em situação 'irregular'", ou seja, as pessoas no segundo casamento que não obtiveram a anulação da união anterior.

Chegou-se ao ponto de alguns cardeais expressarem por escrito objeções significativas mediante o procedimento das *dubia* endereçadas publicamente ao pontífice, enquanto até teólogos conservadores afirmavam, sobre outra vertente, que "conceder ou não a comunhão entra no poder pastoral da Igreja e nas normas da liturgia".

Outra divergência teve como objeto a bênção aos casais homossexuais, sobretudo porque Francisco, em fevereiro de 2021, permitiu a publicação de um *responsum* da Congregação para a Doutrina da Fé que respondia negativamente à pergunta se "a Igreja dispõe do poder de ministrar a bênção em uniões de pessoas do mesmo sexo". Então, surpreendentemente, na declaração *Fiducia supplicans*, promulgada em dezembro de 2023, depois de uma audiência com o papa, foi autorizada "a possibilidade de abençoar os casais em situações irregulares e os casais de mesmo sexo, sem validar oficialmente o status deles ou modificar de alguma forma o ensinamento perene da Igreja sobre o matrimônio".

Até no contexto dogmático as polêmicas não ficaram de fora, com seu auge em fevereiro de 2023, quando Papa Bergoglio assinou o documento *Fratellanza umana per la pace mondiale e la convivenza comune,* no qual se lia que "o pluralismo e as diversidades de religiões [...] são uma vontade divina sapiente", em forte conflito com a declaração *Dominus Iesus* de 2000, na qual o então o cardeal Joseph Ratzinger, com a ratificação desafiadora da autoridade apostólica de

João Paulo II, fechou-se para o que já tinha sido afirmado no Concílio Vaticano II, salientando que "seria contrário à fé católica considerar a Igreja como *uma via* de salvação ao lado daquelas constituídas por outras religiões, as quais seriam complementares à Igreja, e não basicamente equivalentes a ela".

Houve até uma questão ligada à particular atenção de Bento XVI aos "princípios que não são negociáveis" (como a tutela da vida em todas as suas fases, a promoção da família fundada no matrimônio, a proteção do direito dos pais à educação dos filhos), que Francisco pareceu liquidar em uma entrevista de 2014: "Nunca entendi a expressão 'valores inegociáveis'".

Junto a essa análise rápida e esquemática, acumulam-se numerosas outras temáticas teológicas e doutrinais que devem ser sistematizadas (e talvez até retificadas) e que se encontram teoricamente à mesa de Leão XIV. Contudo apenas ele poderá estabelecer quais aspectos magistrais pretende introduzir, evitando cair nas contrapostas tentações do conservadorismo rigorista e do modernismo permissivo.

Eventos sobrenaturais

Depois de cinquenta anos das Normas de 1978, na qual a Congregação para a Doutrina da Fé indicou aos bispos como avaliar as alegadas aparições e as revelações associadas, em 2024, o Dicastério Vaticano emitiu as novas *Normas para proceder no discernimento de presumidos fenômenos sobrenaturais.* Contudo, o que deveria ser uma atualização a fim de tornar mais simplificado o procedimento de aprovação ou de rejeição de tais eventos, por via da tradicional fórmula do "consta" ou "não consta" a sobrenaturalidade, na verdade se transformou na renúncia por parte da Igreja da possibilidade de reconhecer um autêntico fenômeno celeste.

De fato, já na apresentação do documento, foi afirmada explicitamente a oportunidade de evitar que "o discernimento aponte para uma declaração de 'sobrenaturalidade'". Sendo assim, ficam reduzidas à memória da antiguidade as duas dezenas de reconhecimentos de manifestações marianas, poucas numericamente, mas bastante significativas, que caracterizaram a devoção popular nos últimos séculos: em Lourdes na França, em Fátima em Portugal, em Siracusa na Itália, em Akita no Japão, em Kibeho em Ruanda até em São Nicolas na Argentina.

Com a motivação de não querer "procrastinar a resolução de um caso específico relativo a um evento de suposta origem sobrenatural", agora o discernimento favorável é fechado "não com uma declaração *de supernaturalitate* (ou seja, afirmando a sobrenaturalidade), mas com um *nihil obstat* (um genérico "nada obsta"). Um juízo que, em poucos meses, já foi aplicado em diversas situações, como em Chandavila na Espanha (Virgem Adorada, 1945), em Fontanelle di Montichiari na Itália (Maria Rosa Mística, 1947), Santa Domenica di Placanica na Itália (Nossa Senhora dello Scoglio) e, principalmente, Medjugorge na Bósnia e Herzegovina (Rainha da Paz, em curso desde 1981).

Mas, na realidade, para os devotos, esse "nada obsta" representou um pobre prêmio de consolação, pois a tradição anterior – quando as conclusões da investigação realizada por uma comissão qualificada eram positivas – contava com a aprovação formal de um bispo diocesano (o qual, com a nova formulação, perdeu essa responsabilidade específica). Citando apenas os episódios mais significativos: em La Salette (1846), o reconhecimento chegou depois de apenas cinco anos de investigação; em Lourdes (1858), aliás, não demorou mais de quatro; e mesmo para a mais complexa, em Fátima (1917), não foram precisos mais do que treze anos.

Porém, tomando agora como exemplo uma alegada aparição controversa, mas amplamente conhecida, como a de Medjugorje, o fato é que, em 2014, entregaram a Francisco o relatório da comissão presidida pelo cardeal Camillo Ruini, na qual estava constatada a sobrenaturalidade, pelo menos, das primeiras sete aparições. Mas, com as novas normas, o máximo concedido foi um *nihil obstat*, que se limita a consentir algumas manifestações públicas de culto ou devoção.

Nesse meio-tempo, os devotos de outras supostas manifestações marianas ficaram com um gosto amargo na boca, porque elas foram avaliadas de maneira alternada nos anos anteriores, como a Senhora de Todos os Povos, em 1945, em Amsterdã (com juízo negativo em 1974, positivo em 2002, e novamente negativo em 2020), a Medianeira de Todas as Graças, em 1948, em Lipa nas Filipinas (negativo em 1951, positivo em 2015, e de novo negativo em 2016); sem falar dos eventos que continuam estagnados, como a Virgem do Apocalipse (Roma, 1947), a Nossa Senhora do Caramelo (Garabandal, na Espanha, 1961), e a Rainha da Família (Civitavecchia, 1995).

Sem dúvida, aprovar uma manifestação sobrenatural demanda coragem e discernimento. Mas a iniciativa pedida de vários lados, incluindo bispos e mariológos, ao novo Pastor da Igreja universal aponta para essa direção, com o objetivo de reafirmar a possibilidade de que os vestígios da ação prodigiosa de Deus sejam comprovados por meio das autênticas manifestações celestes, como confirmação da sua constante presença na história dos homens.

Missa em rito antigo

Após o Concílio Vaticano II, concluído em 1965, iniciou-se um processo de renovação eclesiástica que teve entre os pontos mais controversos a reforma litúrgica. A um espírito conveniente de modernização, em particular a tradução do rito para uma língua atual, acompanhou, contudo, a reserva da tradição em relação à missa "em latim".

O percurso de reformulação do rito eucarístico fincou raízes em um passado distante que testemunhou um ponto crucial na metade de 1500, depois da "revolução antilitúrgica"[8] de Martinho Lutero, que dera início ao Protestantismo. Como reação, em 1562, o Concílio de Trento aprovou um decreto sobre o santo sacrífico da missa, que levou, em 1570, à promulgação da parte de Pio V do novo missal. A situação permaneceu basicamente inalterada até 1962, quando João XXIII aprovou a nova edição do Missal, obviamente sempre em latim.

Os padres do Vaticano II expressaram na constituição *Sacrosanctum concilium* [O sagrado concílio] o desejo de uma atualização, o que teve retorno em 1972, quando Paulo VI

8 Conhecida historicamente como Reforma Protestante. (N.E.)

decretou o *Novus ordo Missae* [Nova ordem da Missa], com o objetivo de uma participação mais viva na ação litúrgica, uma maior consciência da ação sacra, um conhecimento mais amplo dos tesouros inesgotáveis da Sagrada Escritura e um incremento do senso comunitário na Igreja.

Mas, em pouco tempo, o mesmo pontífice começou a nutrir dúvidas sobre a atuação da reforma litúrgica, a ponto de repreender, em junho de 1977, tanto os contestadores "que, em nome de uma liberdade criativa mal compreendida, levaram muitos danos à Igreja, com suas improvisações, banalidades, leviandades e até com algumas profanações lamentáveis" quanto os "que batem o pé de repúdio sob o pretexto da tradição, e não reconhecem o valor positivo das modificações introduzidas nos ritos sagrados e insistem em um fechamento preconceituoso".

A fim de evitar que a liturgia continuasse a representar um campo de batalha entre inovadores e tradicionalistas, em 2007, Bento XVI emitiu o *motu proprio Summorum pontificum* [Os sumos pontífices], no qual esclareceu que "o missal romano promulgado por Paulo VI é a expressão ordinária da *lex orandi* ["lei da reza"] da Igreja católica de rito latino; todavia, o missal romano promulgado por São Pio V, e novamente editado por João XXIII, deve ser considerado como expressão ordinária da mesma *lex orandi* e deve ser mantido com a devida honra por causa de seu uso venerável e antigo".

Inesperadamente, em 2021, Francisco emitiu o *motu proprio Traditionis custodes* [Guardiões da tradição], junto de uma carta aos bispos de todo o mundo, na qual salientava que "respondendo às suas perguntas, tomo a firme decisão de revogar todas as normas, as instruções, as concessões e os costumes anteriores ao presente *motu proprio*". O pontífice fazia referência a um questionário sobre a aplicação das disposições de Papa Ratzinger, enviado em 2020 ao episcopado mundial da Congregação para a Doutrina da Fé, cujas respostas "revelaram uma situação que me aflige e me preocupa, me confirmando a necessidade de intervir".

Embora o conteúdo de tal consulta não tenha se tornado conhecido, uma fonte respeitada permite-me revelar que o próprio relatório do Dicastério Vaticano, preparado para a utilidade do pontífice, documentava como "a maioria dos bispos envolvidos no questionário, que aplicou generosa e inteligentemente o *Summorum Pontificum*, se declara satisfeito com ele afinal. [...] Qualquer intervenção explícita pode causar mais danos do que vantagens; logo, é bom prosseguir nesse caminho já tomado, sem criar outros abalos".

A surpreendente informação abre agora a prospectiva de que, entre as tarefas assumidas por Papa Prevost, se insira também a de reconhecer a contradição entre as declarações dos bispos no questionário e a drástica iniciativa de Papa Bergoglio, para atuar, sem nenhum espírito de polêmica, a "reforma da reforma", que foi uma bandeira importante de Bento XVI e é, ainda hoje, defendida por quem não pretende esquecer do rito antigo.

Sinodalidade e governo

Se existe uma palavra-chave que resume a ação concreta do pontificado de Francisco – junto àquela mais teológico-pastoral representada pela misericórdia – e que continua em campo como uma herança incômoda para o sucessor, é sem dúvida a contrastante "sinodalidade", compreendida por ele sem nuances como "o caminho que Deus espera da Igreja do terceiro milênio".

De fato, apesar de o pedido por uma maior colegialidade ter sido efetivamente expresso por muitos cardeais no debate das Congregações Gerais pré-Conclave de 2013, a contestação amadurecida em diversos deles teve como objeto a diferença entre a colegialidade, que indica a responsabilidade compartilhada pelos bispos em comunhão com o papa no governo da Igreja universal, e a sinodalidade, que envolve toda a comunidade eclesiástica no discernimento e na missão da Igreja.

O respeitado canonista Carlo Fantappiè sintetizou os principais riscos dessa "nova sinodalidade", os quais, consequentemente, pedem ao novo papa atenção e aprofundamento, entre eles: a imposição de uma Igreja de assembleias e, portanto, ingovernável e fraca; a afirmação de uma visão idealista e romântica da sinodalidade, que subestima a realidade do desacordo na vida da Igreja e, logo, evita predispor normas adequadas para governá-la; a prevalência do modelo sociológico das estruturas e dos processos eclesiásticos no lugar do modelo teológico-canônico, com as instituições e os procedimentos.

Além disso, em 1965, Paulo VI salientara explicitamente que os participantes do sínodo são precisamente "bispos escolhidos de diversas regiões do mundo". E se mesmo durante os anos foram agregados, por vezes, religiosos não bispos, nunca se chegou a inserir leigos entre os membros com direito de voto, pois, nesse contexto, não está em jogo a representatividade, e sim a autoridade eclesiástica dos participantes. Por sua vez, em 2018, Francisco expandiu o público para "outros que não estão agraciados com o múnus episcopal, cujo papel é determinado de vez em quando pelo pontífice romano". Sendo assim, no momento do sínodo sobre a sinodalidade de 2023, o papa nomeou pessoalmente 60 leigos entre os 363 votantes gerais.

Ao mesmo tempo, sem detectar uma contradição, repetiu então explicitamente que sua palavra seria sempre a última e definitiva: "O caminho sinodal inicia ouvindo o povo, prossegue ouvindo os pastores e culmina na escuta do bispo de Roma". E é justamente nesse conceito que se insere o "conflito de interesses", como poderíamos banalmente configurá-lo, entre os contrapostos aspectos da "democracia participativa" e do "poder hierárquico".

Por fim, na nova Lei Fundamental do Estado da Cidade do Vaticano, promulgada em 2023, Francisco inseriu a inédita observação de que a totalidade do poder de governo, com os poderes legislativo, executivo e judiciário, é exercitado pelo papa "à força do 'múnus petrino'", como se dissesse que o poder temporal deriva do direito divino do vigário de Cristo, uma afirmação que provocou perplexidade, e até críticas, em vários especialistas do direito canônico.

E, de certo modo, esse decisionismo foi exatamente o que gerou a determinação que o motivou a dar o *placet* – do leito do Hospital Gemelli, onde, apenas dias antes, encontrava-se em eminente risco de morte devido a um broncoespasmo agudo –, a carta na qual se estabelecia a análise de mais três anos de trabalho, apesar de, no fim de 2024, parecer que o assunto sinodal havia sido definitivamente concluído com a transição para a fase de implementação nas dioceses.

O percurso futuro, com esse calendário inesperado, parece já basicamente planejado, com novas assembleias de avaliação nas dioceses e, em seguida, nas Conferências Episcopais até o fim de 2027. Então, depois das assembleias continentais de avaliação, a conclusão acontecerá no Vaticano, em outubro de 2028. Se tratou-se de uma cortesia ou de uma traição ao seu sucessor, só poderemos descobrir no decorrer da obra.

O último de Malaquias

Na conclusão desta lista de desafios, talvez seja interessante abrir também uma fresta sobre as profecias relativas à figura do papa e que pareceriam se referir ao nosso tempo e ao futuro imediato. Não existe de fato certeza alguma sobre sua veracidade e credibilidade, mas, sem dúvida, provocam a curiosidade de qualquer um.

Com certeza, a mais intrigante é aquela conhecida como "profecia de Malaquias": uma lista de 111 lemas evocativos de pontífices (começando com Celestino II, eleito em 1143) que teria sido redigida pelo bispo Malaquias de Armagh, em torno de 1138. Visto que a publicação mais antiga conhecida do texto data de 1595, teorizou-se que fosse um escrito forjado, realizado para favorecer a eleição de um cardeal com as características de uma das primeiríssimas sentenças, durante um Conclave da última década dos 1500. Contudo, recentemente, foi recuperada uma carta de 1587 na qual essa profecia era mencionada de forma explícita, com uma data que põe em dúvida a tese do apócrifo.

Na sequência cronológica, o último lema *Gloria olivae* [A glória da azeitona] pertenceria a Bento XVI, portanto, o de Francisco e seus sucessores estariam inseridos na época da enigmática frase: "*In psecutione extrema S.R.E sedebit Petrus Romanus*". A tradução mais notável é: "Durante a última persecução da Santa Igreja Romana sentará [na Cátedra papal] Pedro Romano". Contudo, pessoalmente, acredito que se possa aplicar aqui um significado diverso para "*sedebit*" (sobretudo considerando que no texto de 1500, depois dessa última palavra, se vê um ponto), enquanto S.R.E poderia ser o sujeito, e não a especificação, da frase: "Na última persecução, a Santa Igreja Romana permanecerá por muito tempo".

Em 1846, na aparição francesa de La Salette à pequena Mélanie Calvat, volta à tona, por sua vez, o prenúncio de "um papa [que] será perseguido por toda parte, atirarão nele, desejarão matá-lo, mas nada poderá ser feito" e, em seguida, de "um chefe da Igreja [que] obterá a palma do martírio". Uma sequência também pressentida, em 1862, por São João Bosco em um de seus sonhos proféticos, com a visão de um navio simbolizando a Igreja, guiada por um timoneiro incorporado pelo pontífice, no centro de uma frota de navios em combate: "O papa, atingido gravemente, cai. Logo, aqueles que estão junto dele correm para ajudá-lo e o levantam. O papa é atingido pela segunda vez, cai de novo e morre".

Outras afirmações partiram da mística Maria Valtorta, que, em 1943, teria ouvido de Jesus palavras dirigidas aos papas futuros: "Mesmo *caindo* mantenha erguida minha cruz que é luz. Mesmo *morrendo* faça ouvirem a voz que fala do céu através de ti, meu servo exemplar"; e também do vidente das Três Fontes, Bruno Cornacchiola, em 1º de março de 1981 (um pouco antes do atentado a João Paulo II): "Estou em São Pedro, próximo do papa. Enquanto ele abençoava, ouvem-se disparos, coloco-me na frente do papa, caímos os dois feridos"; e, depois, em 7 de fevereiro de 1986: "Enquanto o papa celebrava a missa [...], é atingido, o sangue avermelha a batina branca e são ouvidos gritos: 'Morreu! Morreu!'".

Sem qualquer desejo de formular prognósticos infelizes, é notável, todavia, que tudo está alinhado com o bem conhecido "terceiro segredo" de Fátima e com a visão por meio da qual a Nossa Senhora, em 13 de julho de 1917, mostrou à Lúcia o pontífice que "pregava pelas almas dos cadáveres que encontrava em seu caminho; ao chegar no topo do monte, prostrado de joelhos aos pés da grande cruz, foi morto por um grupo de soldados que lhe dispararam vários golpes de arma de fogo e flechas".

Retornando às profecias sobre a sequência cronológica dos papas, parecem interessantes as afirmações de Conchita González, vidente da suposta aparição espanhola em Garabandal. No final de 1962, a menina falava com a mãe Aniceta sobre o Concílio Vaticano II, do qual João XXIII havia acabado de concluir o primeiro período, e lhe revelou: "Restaram somente três papas, a Virgem me disse. Ela deixou um de fora porque ele governará a Igreja por muito pouco tempo". E, em 1966, para a diretora do colégio onde estudava, Conchita confidenciou: "Os papas, depois de Paulo VI, não serão mais do que dois (*deixando de lado João Paulo I por causa da brevidade de seu pontificado, se trataria então de João Paulo II e Bento XVI*) e, depois, chegará o fim dos tempos".

Como se, a partir de Francisco, tenha começado a fase de purificação espiritual e de preparação para o retorno de Cristo (não confundir "fim dos tempos" com "fim do mundo", que se trata da destruição total da criação). E o mencionado Pedro Romano chegaria então no fim desse período de tribulação, do qual fala também explicitamente o *Catecismo da Igreja Católica*: "Antes da vinda de Cristo, a Igreja deve passar por uma prova final que abalará a fé de muitos crentes".

Para confortar a esperança futura, vêm em apoio as palavras da beata Katharina Emmerick, que no início século XIX viu "a Santíssima Virgem aparecer em cima daquela igreja (a Basílica de São Pedro) e expandir seu manto. Naquele momento da visão, não vi mais o papa atual, nem vi um sucessivo. Vi tudo se renovar e vi surgir uma igreja que se erguia até o céu"; as do místico Don Dolindo Ruotolo, que, em 1944, prenunciou "o grande pontífice sob o qual o pontificado realizará a derrota do reino do mal e o esplendor do reino de Deus e do triunfo da Igreja sobre a Terra"; e novamente da Virgem da Revelação em Cornacchiola: "Outros poucos ainda reinarão no trono: o último, um santo, amará seus inimigos, demostrando isso, formando a unidade do amor, verá a vitória do Cordeiro".

APÊNDICE

Dois mil anos de papas

O novo pontífice é o 266º sucessor do apóstolo Pedro, mesmo que na história eclesiástica Bento IX seja citado três vezes, tendo ocupado a sede papal em outros vários períodos distintos. Juntam-se a eles 38 antipapas, ou seja, indivíduos que se arrogaram a dignidade e as funções do pontífice (por vezes de boa-fé), sem terem sido eleitos canonicamente.

Os pontificados mais longos, depois dos 37 anos tradicionalmente atribuídos a São Pedro, foram os de Pio IX, 31 anos e 7 meses, de 1846 a 1878, e o de João Paulo II, com 26 anos e 5 meses, de 1978 a 2005.

Em 533, iniciou-se o hábito de substituir o nome de nascimento: o primeiro a fazê-lo foi Mercurio di Proietto, que se chamou de João II para não manter o nome ligado a uma divindade pagã. Os nomes usados até agora são 81 no total (um deles é duplo: João Paulo), dos quais 44 têm somente uma ocorrência. Os mais utilizados são: João (23 vezes), Gregório e Bento (16), Clemente (14), Inocêncio e Leão (13), e Pio (12).

São Pedro foi pessoalmente indicado por Jesus como chefe da Igreja nascente. É o que narra o capítulo 16 do Evangelho de São Mateus: "Disse-lhes Jesus: 'E vós quem dizeis que eu sou?'. Simão Pedro respondeu: 'Tu és o Cristo, o Filho de Deus vivo!'. Jesus, então, lhe disse: 'Feliz és, Simão, filho de Jonas, porque não foi a carne nem o sangue que te revelou isto, mas meu Pai que está nos céus. E eu te declaro: tu és Pedro, e sobre esta pedra edificarei a minha Igreja; as portas do inferno não prevalecerão contra ela. Eu te darei as chaves do Reino dos Céus: tudo o que ligares na terra será ligado nos céus, e tudo o que desligares na terra será desligado nos céus'".

Como é explicado no comentário da Conferência Episcopal Italiana, "a missão de Pedro é definida com três imagens: ele é a pedra, isto é, o ponto ao redor do qual se constrói a unidade visível da comunidade; ele recebe as chaves, símbolo de autoridade e responsabilidade; e, por fim, tem o poder de 'atar' e 'desfazer', expressão usada por rabinos a fim de indicar o poder de proibir e permitir (função de magistério) e de afastar e readmitir na comunidade (função disciplinar)".

O *Código de Direito Canônico* explica que o pontífice romano "tem poder ordinário supremo, pleno, imediato e universal sobre a Igreja, o qual pode sempre exercitar livremente". Na execução do ofício de supremo pastor "está sempre unido na comunhão com os outros bispos e com toda a Igreja na verdade; todavia, ele tem o direito de determinar, de acordo com a necessidade da Igreja, o modo, tanto pessoal quanto colegial, de exercitar tal ofício". Com as palavras do *Catecismo da Igreja Católica,* o romano pontífice usufrui, em virtude do próprio ofício, do carisma à prova de falhas em matéria de fé e de costumes "quando, tal pastor supremo e doutor de todos os fiéis, que confirma na fé os seus irmãos, proclama com um ato definitivo uma doutrina relativa à fé ou à moral".

O sinal mais notável do poder papal é visivelmente representado pelo chamado "anel do Pescador", com o qual o papa sela alguns documentos particulares, e que contém gravados seu nome e a imagem de São Pedro no barco, no ato de puxar as redes de pesca. Ele é destruído no fim de cada pontificado, junto com os dois carimbos a seco e a matriz para os selos de chumbo dos documentos papais. Na assinatura, ao lado do nome do pontífice é adicionada a sigla P.P. que significa *Pastor pastorum* [Pastor dos pastores, ou seja, dos outros bispos].

É a partir de 1075 que a palavra "papa", derivada do vocábulo grego *papas* [padre], é utilizada unicamente para designar o bispo de Roma. Quem a estabeleceu foi Gregório VII, no artigo XI do documento *Dictatus papae* [Afirmações de princípio do papa]: "*Quod hoc unicum est nomen in mundo*" [Que seu nome é o mesmo em todo o mundo]. Dessa forma, deseja-se evidenciar a sua qualidade de pai de todos os cristãos. A alcunha pontífice, do latim *pontifex* (*pons*, ponte, e *facere*, fare), pretende, por sua vez, sinalizar que ele é um "construtor de pontes".

A anotação tradicionalmente proposta no Anuário Pontifício é com certeza mais longa e meticulosa: "Bispo de Roma, vigário de Jesus Cristo, sucessor do príncipe dos apóstolos, sumo pontífice da Igreja universal, primaz da Itália, arcebispo e metropolitano da província romana, soberano do Estado da Cidade do Vaticano", e conclui com o título significativo "servo dos servos de Deus", uma fórmula de profunda humildade, utilizada pela primeira vez por São Gregório Magno (590–604).

Desde 2020, Francisco estabeleceu a anteposição de "títulos históricos" à sequência inteira (exceto "bispo de Roma"), adicionando a esta, em 2024, "patriarca do Ocidente", que havia sido removido por Bento XVI em 2006. O motivo, segundo Francisco, era "expressar um realismo histórico e teológico e, ao mesmo tempo, ser a renúncia a uma pretensão, renúncia que poderia ser útil para o diálogo ecumênico". Uma recuperação ligada ao diálogo com o patriarca Bartolomeu de Constantinopla, depois do encontro que tiveram em 2014, em Jerusalém, na ocasião do 50º aniversário da revogação conjunta dos anátemas entre as duas Igrejas, da parte do Papa Paulo VI e do patriarca Atenágoras I.

A seguinte lista está proposta em ordem cronológica. As datas indicam a duração do pontificado (as informações relativas aos primeiros dois séculos são incertas). Para os papas italianos, a cidade natal é indicada, enquanto para os outros, a nação de origem.

PEDRO (Galileia, 30-67). Assim chamado por Jesus para ser a "rocha" da Igreja, era um pescador casado e, depois de provável contato com João Batista, junto ao irmão André, seguiu o Messias. Realizou muitas viagens apostólicas por várias cidades do Mediterrâneo e morreu crucificado em Roma. É santo.

LINO (Volterra, 68-79). Discípulo e colaborador de Pedro, por quem foi consagrado bispo em 56, é comumente considerado seu primeiro sucessor. Embora sua memória tenha sido transmitida como mártir, a incerteza da informação levou, em 1969, a seu cancelamento pelo Calendário Romano. É santo.

ANACLETO OU CLETO (Roma, 80-92). De acordo com uma tradição, foi coadjutor de Pedro, que o consagrou bispo e o mandou ordenar 25 presbitérios em Roma. É incerto se os dois nomes correspondem a uma pessoa ou a duas, mas o *Cânon Romano* da Missa cita apenas Cleto. É santo.

CLEMENTE I (Roma, 92-99). Foi provavelmente o último papa a ter conhecido um apóstolo. Teoriza-se que tenha dividido Roma em sete circunscrições eclesiásticas e que tenha escrito algumas cartas às comunidades cristãs da época. Teria morrido mártir em Crimeia, afogado com uma âncora no colo. É santo.

EVARISTO (Grécia, 99-108). De acordo com uma fonte antiga, teria nascido na Grécia, filho de um judeu originário de Belém. Durante o seu pontificado, em três ordenações, teria consagrado 15 bispos, 17 presbíteros e 2 diáconos. A hipótese de que tenha sido martirizado não foi provada. É santo.

ALEXANDRE I (Roma, 108-119). Atribuíram a ele a comemoração da Paixão do Senhor na missa e a bênção com água e sal. De acordo com uma tradição antiga, morreu mártir, decapitado junto ao presbítero Evêncio e ao diácono Teódulo, e foi sepultado ao longo da via Nomentana. É santo.

SISTO I (Roma, 119-128). Teria introduzido na liturgia a utilização dos vasos sagrados reservados apenas aos ministros do culto e teria também expandido para os fiéis o canto do Sanctus durante a missa. Seu corpo foi transportado no século XII para o Duomo de Alatri, onde é até hoje venerado. É santo.

TELÉSFORO (Grécia, 128-138). Talvez antes fosse um eremita. Como bispo de Roma, atribuíram-lhe a norma do jejum de sete semanas antes da Páscoa e a introdução do canto da Glória. Depois da morte por martírio, teria sido sepultado no mesmo cemitério do apóstolo Pedro. É santo.

HIGINO (Grécia, 138-142). Originário de Atenas possivelmente, teria sido filósofo. Opôs-se aos hereges gnósticos Valentim e Cerdão e não impediu os cristãos que celebravam a liturgia da Páscoa segundo o calendário judaico. A informação antiga do seu martírio continua sem provas. É santo.

PIO I (Aquileia, 142-157). Promulgou um decreto de natureza disciplinar sobre a Igreja, e é falsa a atribuição de algumas cartas transmitidas pela literatura cristã. Durante seu episcopado, excomungou o herege gnóstico Marcião, que rejeitava o Antigo Testamento. É santo.

ANICETO (Síria, 157-168). Talvez originário da atual Homs, promulgou alguns decretos citados no direito canônico medieval, e narra-se também a curiosa proibição ao clero de ter cabelos longos. Dialogou com o bispo Policarpo de Esmirna sobre os diferentes costumes de celebrar a Páscoa. É santo.

SOTERO (Fondi, 168-177). Um texto de Irineu de Lyon parece lhe atribuir a decisão de celebrar a Páscoa sempre aos domingos. Endereçou uma carta aos Coríntios para convidá-los a ser fiéis à Igreja de Roma e enviou ajuda aos pobres e aos cristãos condenados a trabalhos forçados. É santo.

ELEUTÉRIO (Grécia, 177-193). Talvez tenha acolhido a conversão do rei Abgar IX de Edessa, que teria feito o pedido por meio de uma carta. Aprovou a norma de que os cristãos não tinham a obrigação de rejeitar nenhuma comida e teria também confirmado a celebração dominical da Páscoa. É santo.

VÍTOR I (África Proconsular, 193-197). Agiu para sanar a controvérsia da data de celebração da Páscoa, convocando uma assembleia de bispos. Foi o primeiro pontífice a instaurar uma relação formal com o palácio imperial, conseguindo libertar cristãos enviados para trabalhos forçados na Sardenha. É santo.

ZEFERINO (Roma, 198-217). Lidou com várias disputas doutrinais sobre a fórmula de base da fé, mas não conseguiu as desvendar. Fundou pela primeira vez um cemitério comunitário em Roma, administrado pelo diácono Calisto (que atualmente dá nome ao local), onde foi o primeiro papa a ser sepultado. É santo.

CALISTO I (Roma, 218-222). Escravo de Carpóforo, geriu mal o dinheiro do senhor e foi condenado a trabalhos forçados. Libertado na época de Vítor, tornou-se diácono de Zeferino, que o designou seu sucessor, mas não sem conflitos. Morreu mártir, jogado num poço com uma pedra no colo. É santo.

URBANO I (Roma, 222-230). Não existem informações exatas sobre sua vida e seu pontificado, que deve ter sido relativamente tranquilo, graças ao clima de tolerância instaurado pelo imperador Alexandre Severo e apesar da concomitante presença em Roma do antipapa Hipólito. É santo.

PONCIANO (Roma, 230-235). Durante a perseguição aos cristãos promovida por Maximino Trácio, foi deportado para a Sardenha e condenado a trabalhos forçados nas minas. Foi o primeiro papa a renunciar ao cargo, expressando tal vontade com o termo latino *discinctus* [destituído, privado]. É santo.

ANTERO (Grécia, 235-236). Seu pontificado durou apenas de 21 de novembro de 235 ao próximo 3 de janeiro, e essa brevidade levantou hipóteses de que tenha morrido mártir. A lápide sepulcral, com a escrita em grego *Anteros epi[skopos]* [Antero bispo], foi encontrada no cemitério de Calisto. É santo.

FABIANO (Roma, 236-250). A tradição narra que foi eleito por unanimidade quando uma pomba pousou sobre sua cabeça enquanto a assembleia escolhia o novo papa. Esforçou-se para compilar os atos dos mártires e ele próprio foi martirizado no início das perseguições de Décio. É santo.

CORNÉLIO (Roma, 251-253). Mais aberto à readmissão na comunidade dos apóstatas (cristãos que haviam renegado a fé durante as perseguições), prevaleceu sobre o rival Novaciano, que era contrário a essa postura, e se tornou antipapa. Após uma retomada anticristã em Roma, faleceu no exílio em Civitavecchia. É santo.

LÚCIO I (Roma, 253-254). Seguindo a indicação do antecessor, permitiu aos apóstatas, depois que tivessem finalizado as penitências adequadas, que se aproximassem da comunhão. Informações antigas sobre seu martírio por decapitação e sobre a entrega da sucessão ao arquidiácono Estevão não são certas. É santo.

ESTEVÃO I (Roma, 254-257). Foi o primeiro pontífice a defender o primado de honra do bispo de Roma até mesmo sobre as outras igrejas cristãs. Buscou impor que o cristão reingresso das comunidades hereges não fosse rebatizado, mas que se limitasse a invocar sobre ele o Espírito Santo. É santo.

SISTO II (Grécia, 257-258). Também envolveu-se na disputa teológica do batismo administrado pelos hereges ou cismáticos. Buscou melhorar as relações com as Igrejas africanas e asiáticas e restabeleceu o diálogo com a Igreja de Cartago. Foi martirizado sob o imperador Valeriano. É santo.

DIONÍSIO (pátria desconhecida, 259-268). Foi papa quando o imperador Galiano publicou o decreto de tolerância que finalizava a perseguição ordenada pelo imperador

Valeriano, e assim pôde iniciar a reorganização da Igreja. Exímio teólogo, interveio na doutrina da Trindade.

FÉLIX I (Roma, 269-274). Sabe-se pouco dele. O *Liber pontificalis* limita-se a dizer que "estabeleceu a celebração das missas sobre as memórias dos mártires". É errada a informação de seu martírio e da sepultura em uma igreja na via Aurélia, porque foi sepultado no cemitério de Calisto. É santo.

EUTIQUIANO (Luni, 275-283). Não se conhece nada de sua vida. Nas catacumbas de Calisto, foi encontrado seu epitáfio fúnebre, onde se lê em grego: *Eutichianos episk[opos]*. Sua origem na região da Ligúria é deduzida pelo *Liber pontificalis*, que recita "*ex patre Marino de civitate Lunae*". É santo.

CAIO (Dalmácia, 283-296). Chamado também de Gaio, é mencionado no texto do século VI *Passio Susannae*, no qual se narra que obteve muitas conversões de pagãos. Enquanto no texto do século V *Passio sancti Sebastiani* é dito que teria sido martirizado durante a perseguição de Diocleciano. É santo.

MARCELINO (Roma, 296-304). A *Passio Marcellini* do século V o descreve mártir sob o imperador Maximiano, depois de uma penitência por uma suposta apostasia, mas o contemporâneo Eusébio de Cesareia precisa que "foi levado pela persecução", o que poderia indicar apenas um exílio. É santo.

MARCELO I (Roma, 306-309). Foi eleito depois de dois anos de *sede vacante* devido à perseguição de Diocleciano. Esforçou-se para reanimar a comunidade cristã em Roma, mas condenou duramente os fiéis que veneravam ídolos. Foi condenado por Magêncio a ser deportado. É santo.

EUSÉBIO (Grécia, 309). Continuou na batalha contra os apóstatas, fiéis caídos na apostasia e que deveriam cumprir penitências severas para reingressar na comunidade. Por causa da rebelião dessas pessoas, foi deportado para a Sicília junto ao seu fomentador, o antipapa Heráclio. É santo.

MILCÍADES (África do Norte, 311-314). Chamado também de Melquíades, foi ordenado padre em Roma pelo papa Marcelino. Os dois anos de *sede vacante*, mais do que por causa da perseguição, foram motivados pelas tensões duradouras com os apóstatas, que já haviam sido previamente controladas na comunidade romana. É santo.

SILVESTRE I (Roma, 314-335). Sua ação é, na verdade, encoberta pelas iniciativas contemporâneas do imperador convertido Constantino, que agiu especialmente contra os hereges donatistas (apoiadores de uma Igreja de homens perfeitos) e arianos (que negavam a natureza divina de Jesus Cristo). É santo.

MARCOS (Roma, 336). Talvez seja o destinatário, antes da eleição, de uma carta de Constantino, um sinal eventual de seu papel importante. Teria mandado construir duas basílicas, uma no centro de Roma e outra na via

Ardeatina. De sua época, data a elaboração da lista de mártires para uso litúrgico. É santo.

JÚLIO I (Roma, 337-352). Seu empenho foi direcionado a combater os hereges arianos e proteger Atanásio, o bispo de Alexandria várias vezes deposto e reintegrado ao cargo. Impôs-se no Concílio de 343, em Sárdica, para fixar as regras sobre as condenações e os apelos dos bispos dissidentes. É santo.

LIBÉRIO (Roma, 352-366). Ao defender a doutrina de Atanásio, foi deportado para Trácia pelo imperador Constâncio II, que apoiava o arianismo. Ao retornar a Roma, encontrou ali o antipapa Félix II, o qual depois foi caçado por uma revolta popular. Fundou a basílica de Santa Maria Maior.

DÂMASO I (Roma, 366-384). Eleito pela maioria do clero romano, foi contrariado pelo antipapa Ursino, que foi expulso à força de Roma. Ergueu a basílica hoje chamada de São Lourenço em Dâmaso e se empenhou na busca e na valorização devocional das tumbas dos mártires. É santo.

SIRÍCIO (Roma, 384-399). Também precisou enfrentar o antipapa Ursino, mas saiu vencedor. Conseguiu impor no Ocidente a supremacia do bispo de Roma e, no Concílio de 386, promulgou nove cânones, entre eles o que vetava a consagração de um bispo sem o consentimento do papa. É santo.

ANASTÁCIO I (Roma, 399-401). Combateu os hereges maniqueístas, que contrapunham rigidamente o bem e o mal, e apoiou São Jerônimo na polêmica com Rufino de Aquileia sobre as opiniões divergentes relativas à tradução da Bíblia, condenando também os escritos do teólogo grego Orígenes. É santo.

INOCÊNCIO I (Albano, 401-417). Reagiu ao trágico Saque de Roma, liderado por Alarico em 410, e se envolveu na tentativa de fazer retornar à Constantinopla o arcebispo exilado João Crisóstomo. Condenou a doutrina de Pelágio, que considerava a graça divina não necessária para a salvação. É santo.

ZÓZIMO (Grécia, 417-418). Combateu a pretensão dos bispos africanos de conservar, no âmbito disciplinar, uma relativa autonomia de Roma. Ele também se envolveu na controvérsia da doutrina pelagiana, que foi posteriormente condenada no Concílio de Cartago em 418. É santo.

BONIFÁCIO I (Roma, 418-422). Após o povo eleger Eulálio (que depois veio a ser antipapa), foi proclamado papa pela maioria do clero. De início, os dois foram afastados de Roma, mas Eulálio retornou à cidade e foi então sancionado pelo imperador Honório, que apoiou definitivamente Bonifácio. É santo.

CELESTINO I (Roma, 422-432). Uma outra fonte o considera originário da região da Campânia. Apoiou Cirilo de Alexandria no confronto teológico com Nestório de Constantinopla, o qual defendia a distinção entre as naturezas divina e a humana em Jesus Cristo. Em 431, o Concílio de Éfeso declarou a opinião herege. É santo.

SISTO III (Roma, 432-440). Buscou reconciliar Cirilo com Nestório e aprovou as decisões do Concílio de Éfeso, entre as quais a atribuição à Virgem Maria do título de "Mãe de Deus". Nessa ocasião, restaurou a basílica de Santa Maria Maior e também a de São Lourenço Fora dos Muros. É santo.

LEÃO I (Tuscia, atual Toscana, 440-461). Definido "magno" devido à qualidade de sua produção teológica, de acordo com uma lenda, teria parado Átila no momento em que realizaria uma raide. Obteve do imperador Valentiniano III o reconhecimento da supremacia do bispo de Roma sobre a Igreja. É santo.

HILÁRIO (Sardenha, 461-468). Diácono do papa Leão, representou-o no segundo Concílio de Éfeso em 449. Como papa, confirmou o que foi estabelecido nos Concílios de Niceia, Éfeso e Calcedônia. Comportou-se com firmeza nos conflitos das Igrejas da Gália e da Espanha, que agiam independentes de Roma. É santo.

SIMPLÍCIO (Tivoli, 468-483). Opôs-se à doutrina monofisita, segundo a qual em Jesus estava presente apenas na natureza divina, enquanto a humana tinha sido consumida. Uma preocupação particular sua foi a de regulamentar as cerimônias de culto nas basílicas romanas maiores. É santo.

FÉLIX III (Roma, 483-492). Citado também como Félix I por causa do antipapa anterior do século IV, combateu e puniu com a excomunhão Acácio, o patriarca de Constantinopla, que apoiava o monofisismo. A partir disso, surge o cisma chamado de "acaciano", que foi resolvido apenas em 519. É santo.

GELÁSIO I (Argélia, 492-496). Foi obrigado a combater o movimento herético chamado "anomeu", que considerava Cristo totalmente dissímil na natureza divina em relação ao Pai. Em uma carta ao imperador oriental Anastácio, afirmou a superioridade do poder espiritual sobre aquele temporal. É santo.

ANASTÁCIO II (Roma, 496-498). Considerado muito complacente com a Igreja do Oriente, com a qual buscou uma reaproximação para dar fim ao cisma "acaciano", tornou-se impopular entre o clero e o povo de Roma, a ponto de na ocasião de sua morte supostamente terem acontecido graves tumultos na cidade.

SÍMACO (Sardenha, 498-514). Eleito pelo grupo que havia se oposto ao comportamento conciliante do antecessor, levou a melhor sobre o antipapa Lourenço, escolhido por rivais, graças ao apoio recebido do soberano Teodorico. Introduziu alguns usos orientais na liturgia latina. É santo.

HORMISDAS (Frosinone, 514-523). Era casado e pai de Silvério, que em 536 também viria a ser papa. Tornou-se diácono de Símaco, foi eleito sem maiores problemas. Por desejo do imperador do Oriente Justiniano, enviou à Constantinopla relíquias dos santos apóstolos Pedro e Paulo. É santo.

JOÃO I (Tuscia, atual Toscana, 523-526). Foi ele provavelmente quem encomendou a Dionísio, o Exíguo, o estudo que fixou a periódica data da Páscoa, seguida pela introdução da era cristã no cálculo dos anos. Ao entrar em conflito com o soberano Teodorico, morreu encarcerado em Ravenna. É santo.

FÉLIX IV (Sannio, 526-530). Citado também como Félix III, foi eleito por ordem de Teodorico, e uma parte do clero romano lhe foi hostil. Estabeleceu um ano de período probatório para os que aspiravam a ordenação sacra. Foi o primeiro papa a designar o sucessor, impondo-lhe o próprio pálio. É santo.

BONIFÁCIO II (Roma, 530-532). Era arquidiácono de Félix IV. Sua investidura, contestada no primeiro mês pelo antipapa Dióscoro de Alexandria, foi depois aceita pelo clero romano sob a ameaça de excomunhão. Graças aos próprios recursos financeiros, socorreu os pobres de Roma em um tempo de crise.

JOÃO II (Roma, 532-535). A sua eleição foi provavelmente contestada, visto que o rei ostrogodo Atalarico restaurou, naquela circunstância, um decreto contra a simonia. Combateu algumas heresias difundidas no Oriente e restaurou a basílica de São Clemente, da qual tinha sido presbítero.

AGAPITO I (Roma, 535-536). Não conseguiu sanar o conflito entre o rei ostrogodo Teodato e o imperador bizantino Justiniano, mas obteve, deste último, o reconhecimento do supremo magistério da Igreja de Roma. Foi bem ativo no âmbito cultural e criou uma rica biblioteca. É santo.

SILVÉRIO (Frosinone, 536-537). Filho do papa Hormisdas, foi eleito depois que Agapito I foi morto em Constantinopla e precisou então lidar com o conflito armado entre godos e bizantinos. Com Roma conquistada, o general bizantino Belisário o depôs do cargo de pontífice e o deportou para Lícia. É santo.

VIGÍLIO (Roma, 537-555). A sua eleição foi exigida por Belisário e o apoio dado às opiniões teológicas do imperador Justiniano levou a um cisma que dividiu, em Roma, por dois séculos, os bispos da África e de parte da Europa. Faleceu em Siracusa enquanto retornava a Roma, voltando de Constantinopla.

PELÁGIO I (Roma, 556-561). Antes de se tornar papa, se envolveu em diversas missões diplomáticas, inclusive em Constantinopla, onde obteve o reconhecimento do imperador Justiniano, que o quis como sucessor de Vigílio. Buscou em vão resolver alguns conflitos teológicos e lutou contra a corrupção do clero.

JOÃO III. (Roma, 561-574). Para ser consagrado, precisou esperar por quatro meses a aprovação imperial, uma prova das problemáticas políticas da época e das tensões também no âmbito eclesiástico. Dedicou-se bastante ao culto dos mártires e à preservação das catacumbas cemiteriais.

BENTO I (Roma, 575-579). Foi papa durante a época da conquista lombarda na Itália e de uma consecutiva carestia terrível. Ele também precisou esperar cerca de dez meses pela aprovação imperial. Conseguiu, porém, levar adiante a atividade pastoral, consagrando 21 bispos.

PELÁGIO II (Roma, 579-590). Por causa do cerco dos lombardos à Roma, foi consagrado sem a aprovação do imperador Tibério I. Esforçou-se para instaurar relações diplomáticas melhores tanto com Constantinopla quanto com o Reino Franco. Deixou disponível para os pobres a própria casa romana.

GREGÓRIO I (Roma, 590-604). Nascido em uma família patrícia, foi definido "magno" por causa de suas iniciativas nos âmbitos da evangelização e da liturgia, promovendo o canto gregoriano. Empenhou-se também na conversão dos lombardos e no início de um diálogo com os povos bárbaros. É santo.

SABINIANO (Blera, 604-606). Comparado à generosidade do antecessor, não foi caridoso com o povo romano durante uma carestia, a ponto de temerem manifestações hostis durante seu cortejo fúnebre. No âmbito político, buscou fomentar um tratado de paz entre lombardos e bizantinos.

BONIFÁCIO III (Roma, 607). A origem da família era grega, mas passou toda a vida eclesiástica em Roma, onde foi diácono. Em um brevíssimo pontificado, convocou um sínodo que promulgou uma nova disciplina para a eleição do papa, proibindo acordos e alianças prévias antes do início do Conclave.

BONIFÁCIO IV (Marsica, 608-615). Ex-colaborador de Gregório I, deu prosseguimento às suas intenções, buscando manter boas relações com o Império, fomentando a união religiosa na Itália e organizando a hierarquia da recém-iniciada Igreja da Inglaterra. Transformou o Panteão em igreja. É santo.

ADEODATO I (Roma, 615-618). Em *Liber pontificalis*, é mencionado com o nome de Deodato. Privilegiou o clero secular, promovendo sacerdotes em vez de monges para os cargos eclesiásticos. Foi o primeiro papa a predispor, na própria morte, o presente de um ano de salário aos padres romanos. É santo.

BONIFÁCIO V (Nápoles, 619-625). Foi consagrado depois de um ano de *sede vacante*, causada pela crise do Império bizantino, que impediu o imperador Heráclio de conceder sua aprovação. Dedicou-se bastante a fomentar o culto dos mártires e a sustentar com caridade as necessidades da população romana.

HONÓRIO I (Campânia, 625-638). Era filho de um cônsul e foi confirmado pelo exarca bizantino Isaac, presente em Roma. Precisou intervir em várias contendas territoriais e contribuiu para a extinção de vários grupos heréticos. Empenhou-se na restauração de algumas basílicas, entre elas a de São Pedro.

SEVERINO (Roma, 638-640). Resistiu com dificuldade às pressões do imperador Heráclio, que desejava lhe impor a aprovação de uma profissão de fé que comportasse formulações heréticas. Sofreu até uma agressão das tropas bizantinas em Roma por causa de uma falsa acusação de ter escondido o pagamento delas.

JOÃO IV (Dalmácia, 640-642). Sua eleição foi incentivada pelo exarca Isaac, partidário do monotelismo, que afirmava a predominância da vontade divina em Jesus Cristo, mesmo admitindo a natureza humana. Mas o papa não o favoreceu e, em vez disso, promoveu um Concílio que declarou a doutrina herética.

TEODORO I (Judeia, 642-649). Fugiu para Roma depois da invasão árabe na Palestina e também tomou posição contra o monotelismo. A essa condenação, se uniram os bispos do norte da África, que reconheceram nele, enquanto bispo de Roma, o papel de supremo guardião da ortodoxia doutrinal.

MARTINHO I (Todi, 649-653). Recém-eleito, sem a aprovação do imperador bizantino, convocou o Concílio de Latrão, no qual foram condenadas algumas doutrinas heréticas e excomungados os patriarcas de Constantinopla. Acusado de alta traição, foi deposto e exilado em Cherson. É mártir e santo.

EUGÊNIO I (Roma, 654-657). Iniciou, com pouco sucesso, as ações de reconciliação com o patriarca de Constantinopla. Encontrou-se com o futuro bispo Vilfrido de Iorque, que havia chegado a Roma para estudar as Escrituras, e agradou o rei franco Clóvis II diante do pedido de um monastério. É santo.

VITALIANO (Segni, 657-672). Conseguiu criar um clima de apaziguamento com a Igreja constantinopolitana e, durante a visita a Roma do imperador Constante II, fomentou também a reaproximação entre o papado e a autoridade bizantina. No contexto litúrgico, promoveu a *schola cantorum* de Latrão. É santo.

ADEODATO II (Roma, 672-676). Também precisou combater a heresia do monotelismo. Entre suas poucas iniciativas conhecidas, estão a restauração da igreja romana de São Pedro, em Campo di Merlo, e dois privilégios dados aos monastérios de São Pedro, na Cantuária, e de São Martinho, em Tours.

DONO (Roma, 676-678). Esforçou-se para melhorar as relações com a igreja de Constantinopla, também porque era a única sede patriarcal, além de Roma, que não tinha caído sob o domínio islâmico. Modernizou o átrio da basílica de São Pedro e restaurou a igreja "dos apóstolos" na via Ostiense.

AGATÃO (Sicília, 678-681). Empenhou-se intensamente para o Concílio de Constantinopla III, que em 680 colocou em discussão as controversas teses sobre a vontade única ou dupla de Cristo, mas morreu enquanto os trabalhos estavam em pleno desenvolvimento. Póstumo, obteve reconhecimento solene dos participantes. É santo.

LEÃO II (Sicília, 681-683). Muito erudito, seu principal compromisso como papa foi comunicar aos bispos e aos soberanos do Ocidente a decisão do Concílio de Constantinopla III, ou seja, a condenação definitiva do monotelismo, aprovada com valor de lei pelo imperador Constantino IV. É santo.

BENTO II (Roma, 684-685). Depois de dois papas sicilianos, retornou à tradição que desejava que os sucessores de São Pedro fossem escolhidos entre o clero da cidade. Curiosamente, o imperador Constantino IV lhe enviou como presente o cabelo dos próprios filhos, como sinal da restabelecida união entre Roma e Bizâncio. É santo.

JOÃO V (Síria, 685-686). Talvez tenha fugido da Antioquia para Roma por causa das invasões muçulmanas. Participou do Concílio de Constantinopla III. Precisou se ocupar de várias questões jurídicas, entre as quais a definição da disputa sobre a ordenação ilegítima do bispo de Torres, na Sardenha.

CÓNON (pátria ignorada, 686-687). Filho de um oficial bizantino, estudou na Sicília e depois em Roma, até se tornar presbítero. Foi uma escolha de mediação para resolver as tensões entre clero, a classe militar e os altos funcionários da administração laica. Com idade avançada, morreu por conta da saúde debilitada.

SÉRGIO I (Palermo, 687-701). De família síria refugiada na Sicília por causa da invasão árabe, tornou-se padre em Roma. Foi eleito para contestar os autoproclamados papas Teodoro e Pascoal e se empenhou em fortalecer o culto mariano e decorar as igrejas romanas, em particular a basílica de São Pedro.

JOÃO VI (Grécia, 701-705). Desenvolveu um trabalho sobretudo do tipo político-diplomático, a fim de evitar que estourassem novos conflitos entre lombardos e bizantinos na Itália e também evitar que o duque de Benevento procedesse na tentativa de invadir Roma.

JOÃO VII (Grécia, 705-707). Conseguiu melhorar as relações com os lombardos, mas não teve o mesmo sucesso com o imperador bizantino Justiniano II, que, como gesto de desafio, despachou para Roma o patriarca Calínico, deposto e cegado por ter apoiado seu opositor, Leôncio.

SISÍNIO (Síria, 708). Como padre, provavelmente participou do sínodo romano de 679 sobre os problemas da Igreja inglesa. Foi eleito ancião e sofria de gota, tanto que seu pontificado durou apenas vinte dias, mas conseguiu que reforçassem as muralhas de Roma por temor de um ataque do exército lombardo.

CONSTANTINO (Síria, 708-715). Representou Leão II na corte imperial em Constantinopla e foi eleito com o consentimento tanto das autoridades bizantinas quanto dos romanos influentes. Com ele, contudo, foi finalizado o período dos compromissos dos papas orientais com Bizâncio, que desagradavam as autoridades romanas.

GREGÓRIO II (Roma, 715-731). Com o objetivo de acolher melhor os peregrinos, iniciou um programa de consolidação das muralhas e de manutenção das basílicas romanas, que tinham se degradado com o tempo. Como liturgista, instituiu a missa de quinta-feira da Quaresma. É santo.

GREGÓRIO III (Síria, 731-741). Foi eleito por pressão da nobreza e do povo. Convocou em Roma um Concílio para excomungar os iconoclastas, que no Oriente estavam destruindo as imagens sagradas. Conhecia o grego e o latim e se ocupou também das celebrações litúrgicas. É santo.

ZACARIAS (Grécia, 741-752). Reconheceu Constantino V como imperador legítimo bizantino e recebeu em troca, como presente para a Igreja de Roma, os latifúndios de Ninfa e de Norma na planície pontina. Realizou trabalhos no complexo de Latrão, inspirando-se nos palácios imperiais de Constantinopla. É santo.

ESTÊVÃO II (Roma, 752-757). Ex-diácono de Zacarias, dirigiu-se até Pavia, capital do reino lombardo, para se encontrar com o odioso rei Astolfo, e também para a França, onde obteve do rei Pepino, o Breve, proteção militar e iniciativas que protegeriam os interesses de São Pedro e do Estado romano.

PAULO I (Roma, 757-767). Foi eleito logo depois do irmão Estêvão II. Esforçou-se para consolidar a posição da Igreja contra os lombardos e a favor dos francos. Acolheu em Roma os monges perseguidos pela Igreja grega, dando a eles o monastério dos santos Estevão e Silvestre. É santo.

ESTÊVÃO III (Sicília, 768-772). Foi eleito graças às manobras do primicério Cristóvão, que conseguiu tirar do caminho os antipapas Constantino (II) e Felipe. Um Concílio em 769 em Roma sancionou que o papa podia ser escolhido apenas pelo clero, entre os cardeais padres e os cardeais diáconos.

ADRIANO I (Roma, 772-795). Em 774, acolheu em sua primeira visita a Roma o rei dos francos e dos lombardos Carlos Magno, que lhe fez algumas concessões territoriais. Promoveu muitas intervenções de restauração de igrejas em âmbito urbano, de monastérios e dos maiores complexos de cemitérios romanos.

LEÃO III (Roma, 795-816). Escolhido por unanimidade pelos eleitores, enviou como presente para Carlos Magno o estandarte de Roma e recebeu em troca grande parte do tesouro dos Avari, com o qual restaurou diversas basílicas romanas. Em 25 de dezembro de 800 elevou o rei, em São Pedro, à autoridade imperial. É santo.

ESTÊVÃO IV (Roma, 816-817). Apenas dois meses depois da eleição, viajou para Reims. Ali, o esperava o filho de Carlos Magno, Luís, o Piedoso, para ser coroado imperador com a unção sacra. Após obter diversas concessões, o papa faleceu poucas semanas depois de ter regressado a Roma.

PASCOAL I (Roma, 817-824). Apreciado por suas virtudes, foi rapidamente eleito. Instaurou uma boa relação com Luís, o Piedoso, ao passo que o relacionamento com o imperador bizantino Leão V continuava difícil. Decidiu pelo traslado das relíquias dos mártires das basílicas cemiteriais para as igrejas da cidade. É santo.

EUGÊNIO II (Roma, 824-827). Por causa dos conflitos no clero romano, Luís, o Piedoso, enviou a Roma o filho Lotário, que, de acordo com o pontífice, emitiu uma Constituição na qual, entre outras coisas, afirmava-se que a regularidade da eleição pontifícia ficaria sob o controle imperial.

VALENTINO (Roma, 827). Provavelmente de origem nobre, narra-se que sua eleição tenha acontecido porque a assembleia reunida ouvira uma voz vinda do alto com a indicação do seu nome. Os poucos quarenta dias de pontificado lhe permitiram apenas que cunhasse uma moeda de prata celebrativa.

GREGÓRIO IV (Roma, 827-844). Quem mais o quis foi a aristocracia laica, em oposição ao clero. Para proteger Roma e a entrada do Tibre das invasões dos sarracenos, construiu um vilarejo fortificado na Ostia antiga. Instituiu na data de 1º de novembro a festividade dedicada a Todos os Santos.

SÉRGIO II (Roma, 844-847). Foi eleito depois da derrota de uma facção que havia aclamado papa o diácono João. Talvez por fraqueza de caráter, confiou o governo de Roma ao irmão Bento, que se mostrou ganancioso e incapaz, a ponto de, em 23 de agosto de 846, os sarracenos saquearem a cidade.

LEÃO IV (Roma, 847-855). Por suas qualidades, foi escolhido antes mesmo do funeral de Sérgio II. Melhorou as muralhas fortificadas em torno do Vaticano e reforçou as defesas costeiras, conseguindo até formar uma liga naval antiárabe que, em 849, obteve vitória naval sobre Ostia. É santo.

BENTO III (Roma, 855-858). Graças ao apoio do clero e do povo romano, foi eleito apesar das ambições da facção comandada pelo bispo Arsênio, que queria impor Anastácio, o Bibliotecário. Teve muito cuidado com os locais de culto, os quais restaurou e para os quais doou mobílias e paramentos sacros.

NICOLAU I (Roma, 858-867). Foi consagrado na presença do rei da Itália, Luís II. Defendeu o primado da sede de Roma e buscou reforçar a independência do papado da autoridade imperial. Estabeleceu o acréscimo de *filioque* ao Credo (o Espírito Santo procede "do Pai e do Filho"). É santo.

ADRIANO II (Roma, 867-872). Acolheu e encorajou os evangelizadores dos povos eslavos Cirilo e Metódio, futuros copadroeiros da Europa. Empenhou-se também no contexto político, apoiando o imperador Luís II e obrigando o rei Lotário II a deixar uma concubina e voltar com a esposa.

JOÃO VIII (Roma, 872-882). Reforçou as defesas da cidade, inserindo também uma frota na foz do Tibre. Em 875, coroou imperador Carlos, o Calvo, mas não obteve dele a proteção esperada. De acordo com uma fonte, foi assassinado, sendo envenenado e tendo o crânio esmagado por parentes movidos pela cobiça.

MARINHO I (Gallese, 882-884). Já sendo bispo de Cerveteri, sua eleição para papa foi contestada (pela norma que proibia uma transferência de sede). Buscou, em vão, lidar com o problema dos saques feitos pelos sarracenos, que, em 883, assaltaram até o monastério de Montecassino.

ADRIANO III (Roma, 884-885). Precisou lidar com muitas dificuldades, seja por causa das batalhas entre facções romanas (ele também foi adversário de João VIII), seja por causa das relações com Bizâncio e os problemas de sucessão do governo do império do Ocidente. Talvez também tenha sido morto por vingança. É santo.

ESTÊVÃO V (Roma, 885-891). Eleito por unanimidade, não esperou a aprovação tradicional de Carlos, o Gordo, o que causou dificuldades nas relações com a corte imperial. Ao declarar que a liturgia eslava era subordinada à latina, realmente impulsionou os eslavos na esfera do patriarcado de Constantinopla.

FORMOSO (Portugal, 891-896). Ex-bispo de Porto, por atritos com João VIII, foi excomungado e depois restabelecido por Marinho I. Coroou imperador Arnolfo, o rei da Germânia, provocando a ira de Lamberto II de Espoleto, rei da Itália, tanto que os espoletanos jogaram seu cadáver no Tibre.

BONIFÁCIO VI (Roma, 896). Filho de um bispo de nome Adriano, foi excomungado por João VIII, por motivos ignorados, e depois reintegrado por um de seus sucessores. Foi eleito enquanto em Roma combatia as facções germânica e a espoletana. Seu pontificado durou apenas dezesseis dias.

ESTÊVÃO VI (Roma, 896-897). Ex-bispo de Anagni, ele também teve a eleição contestada, apesar do apoio da facção filo-espoletana, por causa da proibição de troca de sede. Ao consentir a profanação de Formoso, depois de um levante popular, foi levado à prisão e estrangulado.

ROMANO (Gallese, 897). Cardeal-presbítero com título de São Pedro Acorrentado, provavelmente estava mais próximo das posições de Marinho I do que das de Estêvão VI. Foi, contudo, deposto após somente três meses de pontificado, e as fontes não indicam o que lhe aconteceu, mas presume-se que se enclausurou em um monastério.

TEODORO II (Roma, 897). Irmão do bispo Teodosio e de família provavelmente originária da Grécia, era um apoiador de Formoso e fez ser sepultado em São Pedro seus restos recuperados do Tibre. Foi eleito em oposição ao deposto Romano, mas seu pontificado durou apenas vinte dias.

JOÃO IX (Tivoli, 898-900). Monge beneditino, também foi próximo de Formoso e, recém-eleito, convocou um Concílio em Roma para limpar a memória deste. Renovou o título de imperador de Lamberto II de Espoleto e confirmou a obrigação da presença dos associados imperiais na consagração do papa.

BENTO IV (Roma, 900-903). Foi eleito em um período de confusão eclesiástica, resultado de contínuas dispensas e reintegrações de presbíteros e bispos. Na crise por causa da morte de Lamberto II de Espoleto, sem herdeiros, escolheu coroar imperador Luís II de Provença, sem obter vantagens dele.

LEÃO V (Ardea, 903). Seu pontificado durou dois meses e dele sabe-se apenas que não era incardinado entre o clero romano, e sim titular de uma paróquia na área rural romana. Ocupou-se das legalidades das ordenações contestadas de Formoso antes de ir para a prisão, onde morreu.

SÉRGIO III (Roma, 904-911). Depois de ter sido bispo de Cerveteri, e então retrocedido para diácono em Roma, encabeçou a facção anti-Formoso. Conseguiu prevalecer sobre Leão V e sobre o antipapa Cristóvão. Dele, lembra-se apenas da reconstrução da basílica lateranense, derrubada no terremoto de 896.

ANASTÁCIO III (Roma, 911-913). As informações sobre seu pontificado são quase inexistentes: lembra-se apenas da concessão do pálio ao bispo de Vercelli Ragimperto. Provavelmente, também no governo de Roma precisou se submeter ao enorme poder do nobre Teofilato e de sua esposa Teodora.

LANDO (Sabina, 913-914). Foi o décimo quarto papa em apenas 31 anos, depois do assassinato de João VIII, e a duração do seu pontificado nem é certa. Considerando a situação em Roma, provavelmente foi candidato do círculo do cônsul Teofilato, que controlava até as finanças pontifícias.

JOÃO X (Tossignano, 914-928). A sua eleição foi atribuída à influência de Teodora, a esposa de Teofilato. Contribuiu para promover a liga armada que, em 915, derrotou os sarracenos na Batalha de Garigliano. Obrigado a renunciar ao pontificado, morreu na prisão, no Castelo de Santo Ângelo.

LEÃO VI (Roma, 928-929). Cardeal-presbítero com título de Santa Susana, foi eleito enquanto o antecessor estava encarcerado. Quem o apoiou foi a poderosa Marózia, esposa de Guido da Toscana, mas não se conhecem iniciativas próprias dele. Morreu antes do ainda prisioneiro João X.

ESTÊVÃO VII (Roma, 929-931). Cardeal-presbítero com o título de Sant'Anastácia, como o antecessor, foi pré-escolhido por Marózia para ser um papa "de transição", na expectativa de poder eleger o próprio filho ilegítimo,

João. Ele se ocupou apenas de negócios eclesiásticos de pouca importância.

JOÃO XI (Roma, 931-936). Com vinte anos já era cardeal-presbítero de Santa Maria em Trastevere quando foi eleito por pressões da mãe, Marózia. Mas, depois de uma revolta em 932, a mulher sumiu, e João foi confinado em prisão domiciliar na residência em Latrão.

LEÃO VII (Roma, 936-939). Após tantos papas "políticos", não se ocupou do governo de Roma, e, sim, dedicou-se a favorecer o culto litúrgico e a apoiar a reforma monástica que tinha na Ordem de Cluny um ponto de referência. Por essa razão, valorizou o abade francês Odão e o chamou até para resolver problemas em alguns monastérios romanos.

ESTÊVÃO VIII (Roma, 939-942). Sua eleição deveu-se à vontade do príncipe de Roma, Alberico II, que o apoiou na ação em favor da reforma monástica, a qual o papa deu prosseguimento na onda do antecessor. De acordo com uma fonte imprecisa, morreu por feridas obtidas em uma emboscada.

MARINHO II (Roma, 942-946). Cardeal-presbítero com o título de São Ciríaco, também foi eleito com o apoio de Alberico II, tanto que as moedas da época possuíam, de um lado, seu monograma e, do outro, o nome do príncipe. Como o antecessor, dedicou atenção ao monaquismo.

AGAPITO II (Roma, 946-955). Precisou intervir em uma disputa que, por envolver o arcebispado de Reims, se estendeu para um conflito político entre duas facções nobres. Último papa a ter que se submeter à vontade do príncipe Alberico II, conseguiu não ser totalmente submisso a ele.

JOÃO XII (Tuscolo, 955-964). Filho de Alberico II, foi eleito de forma irregular, com apenas 18 anos. Por sua conduta imoral, foi deposto por um sínodo, mas um Concílio posterior o restabeleceu. Dedicou-se ao objetivo de prosseguir a política do pai, sem, contudo, ter a mesma capacidade dele.

LEÃO VIII (Roma, 963-965). Depois da deposição de João XII, foi eleito por vontade do imperador Oto I. Mesmo que o Concílio de Latrão de 964 tenha declarado a nulidade da sua nomeação, pois não era um eclesiástico, ainda assim, ele se encontra inserido na lista oficial de papas.

BENTO V (Roma, 964). Com a morte de João XII, os adversários de Leão VIII elegeram o cardeal-diácono Bento V, que, contudo, foi declarado antipapa por Oto I. Em um novo sínodo de Latrão, ainda em 964, foi despido das insígnias pontifícias, deposto e talvez exilado em Hamburgo.

JOÃO XIII (Roma, 965-972). Foi eleito depois de mais de seis meses de *sede vacante* por comum vontade do povo e dos associados imperiais. Seu governo, contudo, foi considerado tirânico, e logo ele foi expulso de Roma, retornando em seguida com o apoio de Oto I, cujo filho, Oto II, coroou.

BENTO VI (Roma, 972-974). Eleito por vontade imperial, envolveu-se nas disputas políticas em Roma. Em maio de 973, estourou uma revolta na cidade e Bento VI foi aprisionado no Castelo de Santo Ângelo, onde depois morreu estrangulado. No seu lugar, sentou-se ilicitamente o antipapa Bonifácio VII.

BENTO VII (Roma, 974-983). Ex-bispo de Sutri, foi eleito enquanto o usurpador Bonifácio VII estava sitiado no Castelo de Santo Ângelo, conseguindo depois fugir para Constantinopla. No contexto eclesiástico, se ocupou sobretudo das relações com o clero e com as comunidades monásticas de Gália e Germânia.

JOÃO XIV (Pavia, 983-984). Ex-bispo de Pavia, também foi eleito por imposição de Oto II, cuja morte o deixou privado de proteção. Segue-se uma rebelião do povo romano, que levou à invocação do antipapa Bonifácio VII e ao assassinato de João XIV no Castelo de Santo Ângelo.

JOÃO XV (Roma, 985-996). Foi eleito graças a um acordo entre a facção imperial e a rival, aquela dos Crescêncios. Conseguiu combater as ambições dos bispos franceses, que pretendiam colocar em discussão as prerrogativas da Santa Sé. Obrigado a fugir para a Toscana, retornou a Roma com Oto III.

GREGÓRIO V (Saxônia, 996-999). Primo de Oto III, que o ordenou papa com apenas 23 anos e, por ele, foi consagrado imperador. Foi o primeiro alemão na Cátedra de Pedro. Foi banido pelos romanos, que elegeram o antipapa João XIV, mas logo depois conseguiu retornar ao cargo por ordem imperial.

SILVESTRE II (França, 999-1003). O papa do milênio foi um beneditino muito culto, teólogo, filósofo e matemático, conselheiro do imperador Oto III. Obrigado a fugir de Roma em 1001, retornou depois de um acordo com os Crescêncios. Promoveu a evangelização na Polônia e na Hungria.

JOÃO XVII (Roma, 1003). Apoiado pela família dos Crescêncios, pôde governar com autonomia suficiente, buscando conservar a soberania papal. Uma fonte também atribui a ele o esforço na evangelização dos povos eslavos, em particular na Polônia, por meio do envio de missionários.

JOÃO XVIII (Roma, 1003-1009). Buscou começar boas relações com o imperador Henrique II, mas foi impedido pelos Crescêncios (seus protetores), hostis ao soberano. Por sua vez, as relações com a Igreja bizantina foram melhores. Proclamou santos cinco missionários mártires na Polônia.

SÉRGIO IV (Roma, 1009-1012). Ex-bispo da diocese de Albano, ele também tentou estabelecer relações amigáveis com Henrique II, agradando-o com a consagração da catedral de Bamberg. Durante seu pontificado, houve uma grave carestia em Roma, e Sérgio IV foi especialmente caridoso.

BENTO VIII (Tuscolo, 1012-1024). Conseguiu coroar Henrique II em Roma e foi reconhecido papa legítimo. Opunha-se a ele o antipapa Gregório, apoiado pelos Crescências, que precisou fugir da cidade. Participou da aliança com Pisa e Gênova que, em 1016, derrotou os sarracenos na Ligúria.

JOÃO XIX (Tuscolo, 1024-1032). Irmão de Bento VIII, foi eleito apesar de ser laico e, por isso, acusado de simonia (compra e venda de um cargo eclesiástico). Coroou o imperador Conrado II, o Sálico e alinhou-se com ele em favor do patriarcado de Aquileia contra aquele de Grado.

BENTO IX (Tuscolo, 1032-1044). Uma fonte afirma que foi eleito papa mesmo tendo apenas 12 anos. Sua ação foi guiada por interesses pessoais, com alianças de conveniência e relações de altos e baixos com Conrado II e Henrique III. Acusado de corrupção, foi obrigado a fugir de Roma.

SILVESTRE III (Roma, 1045). Ex-bispo de Sabina, foi eleito graças ao apoio dos Crescências, depois da expulsão do antecessor. Seu pontificado durou apenas 56 dias, por causa do retorno de Bento IX. No Concílio de Sutri, em 1046, foi privado das ordens sacras e exilado em um monastério.

BENTO IX (1045). Ao retomar o controle do papado, foi mais uma vez hostilizado pela facção dos Crescêncios. Segundo fontes controversas, escolheu vender o trono papal ao arcipreste de São João na Porta Latina, Giovanni Graziano, com quem talvez tivesse uma relação de direção espiritual.

GREGÓRIO VI (Roma, 1045-1046). Mesmo restando dúvidas quanto à regularidade da sua eleição, parece que os romanos o acolheram com um entusiasmo compartilhado também por Pedro Damião e pelo futuro papa Hildebrando de Soana. Foi, porém, investigado por um sínodo em Sutri e levado como prisioneiro para a Germânia.

CLEMENTE II (Saxônia, 1046-1047). De nome Suidgero e bispo de Bamberg, foi eleito como papa também por Henrique III, que por ele foi coroado no Natal de 1046. Convocou um sínodo em Roma no qual a simonia foi condenada. Morreu em viagem, talvez envenenado, e é o único papa sepultado na Germânia.

BENTO IX (1047-1048). Retornando pela terceira vez ao trono papal, caso único na história da Igreja, seu último pontificado durou menos de um ano. O próprio imperador Henrique III decidiu destituí-lo, e Bento IX finalizou a vida na abadia de rito grego de Grottaferrata.

DÂMASO II (Tirolo, 1048). Ex-bispo de Bressanone, foi outro papa desejado por Henrique III. As preocupações com a situação política e o clima insalubre, contudo, provocaram sua morte repentina, depois de apenas 23 dias de pontificado, talvez também por causa da malária que pegou em Palestrina.

LEÃO IX (França, 1049-1054). De família nobre e ex-bispo de Toul, foi escolhido por Henrique III, mas quis a confirmação do clero e do povo romano. Preocupou-se em dar vigor à regra do celibato dos padres e teve envolvimento n'O Cisma de 1054 com o patriarcado de Constantinopla.

VÍTOR II (Svevia, 1055-1057). Bispo de Eichstätt e conselheiro de Henrique III, continuou como papa a apoiá-lo na gestão do império. Reafirmou a condenação da simonia. Depois da morte do imperador, em 1056, foi temporariamente regente do sucessor, Henrique IV, de apenas seis anos.

ESTÊVÃO IX (França, 1057-1058). Abade de Montecassino e cardeal-presbítero de Santa Maria em Domnica, defendeu a plena independência da Igreja em relação ao império, opondo-se ao privilégio imposto por Henrique III de designar os papas. Reforçou o controle papal sobre os territórios da Igreja.

NICOLAU II (França, 1058-1061). Bispo de Florença, foi escolhido, em contraposição com o antipapa Bento X, pelos cardeais reformadores em Siena, com o apoio do marquês da Toscana Goffredo, o Barbudo. Regulamentou a eleição papal, com o direito de voto sendo exclusivo dos cardeais-bispos.

ALEXANDRE II (Baggio, 1061-1073). Bispo de Lucca, foi o primeiro papa eleito sem alguma confirmação do imperador, por isso, precisou lidar com a oposição do antipapa Honório II, apoiado pela corte imperial. Reconheceu o duque Roberto, o Guiscardo, que foi um importante aliado militar.

GREGÓRIO VII (Soana, 1073-1085). Estudou em Roma e foi conselheiro de vários papas. Eleito por aclamação popular, dedicou-se à reforma que levou seu nome. Deposto por Henrique IV em favor do antipapa Clemente III, fugiu para Salerno, protegido por Roberto, o Guiscardo, e ali morreu em exílio. É santo.

VÍTOR III (Benevento, 1086-1087). Ex-abade de Montecassino, de início rejeitou a eleição para papa. No Concílio de Benevento de 1087, condenou o antipapa Clemente III e reafirmou a autoridade papal. Obteve uma vitória significativa na expedição militar contra os sarracenos na Tunísia. É beato.

URBANO II (França, 1088-1099). Ex-monge beneditino em Cluny e, depois, cardeal-bispo de Ostia, empenhou-se na reforma litúrgica e administrativa da Igreja. Em 1095, convocou o Concílio de Clermont, onde iniciou a primeira Cruzada para libertar o Santo Sepulcro em Jerusalém. É beato.

PASCOAL II (Bleda, 1099-1118). Precisou lidar em sequência com três antipapas apoiados pela corte imperial: Teodorico, Alberto e Silvestre IV. Buscou manter a independência da Igreja, mas foi obrigado a negociar com o imperador Henrique V um acordo sobre as nomeações de bispos e abades.

GELÁSIO II (Gaeta, 1118-1119). Sua eleição foi hostilizada pela família Frangipane, que o aprisionou. Foi liberto e se refugiou em Gaeta, onde foi consagrado papa. Combateu o antipapa Gregório VIII, apoiado por Henrique V, e consolidou a própria autoridade. Em 1119, transferiu-se para Cluny, onde morreu.

CALISTO II (França, 1119-1124). Ex-arcebispo de Vienne, foi eleito na abadia de Cluny e também precisou combater o antipapa Gregório VIII. Em 1122, concluiu a Concordata de Worms, que resolveu o conflito pelas investiduras, e em 1123 anunciou uma nova Cruzada no Concílio de Latrão I.

HONÓRIO (Fiagnano, 1124-1130). Um conflito entre as famílias Frangipane e Pierleoni conduziu à sua eleição e também a do antipapa Celestino III, que depois renunciou ao cargo. Honório geriu, na morte de Henrique V, em 1125, a sucessão imperial, que testemunhou a eleição de Lotário II.

INOCÊNCIO II (Roma, 1130-1143). A eleição foi contestada pelo cardeal Pietro Pierleoni, antipapa com o nome de Anacleto II, e Inocêncio II se refugiou na França. Quando Anacleto II morreu, foi substituído por Vítor IV, que, contudo, renunciou ao cargo, reconhecendo Inocêncio II como legítimo pontífice.

CELESTINO II (Città di Castello, 1143-1144). Escolhido por unanimidade entre cinco cardeais sugeridos por Inocêncio II, também teve a aprovação do povo de Roma. Em dezembro de 1143, nomeou de uma vez só uma dezena de cardeais; para a época, foi uma ampliação extraordinária do Sacro Colégio.

LÚCIO II (Bolonha, 1144-1145). Sua eleição foi apoiada pela família Frangipane, mas contestada pela Pierleoni. Opôs-se ao crescente poder do senado romano, que desejava limitar o controle temporal do papa, e, durante um ataque ao Capitólio, em 1145, foi mortalmente ferido por uma pedra.

EUGÊNIO III (Pisa, 1145-1153). Depois da eleição, fugiu da cidade por oposição do senado romano, refugiando-se no monastério de Farfa. Em 1145, proclamou a segunda Cruzada, em resposta à tomada de Edessa pelos muçulmanos, mas a expedição terminou com um fracasso. É beato.

ANASTÁCIO IV (Roma, 1153-1154). Como vigário em Roma, Anastácio IV demonstrou grande habilidade administrativa e diplomática. Revelou-se conciliador com o imperador Frederico Barbarossa, convalidando uma nomeação em Magdeburgo, e se empenhou na restruturação da basílica de São João de Latrão.

ADRIANO IV (Inglaterra, 1154-1159). Era cardeal-bispo de Albano quando se tornou o único papa britânico da História. Com a ajuda de Frederico Barbarossa, conseguiu restabelecer na cidade a ordem perturbada pela facção republicana, mas, em seguida, o relacionamento se deteriorou.

ALEXANDRE III (Siena, 1159-1181). Seu pontificado foi caracterizado por uma longa luta contra quatro antipapas sucessivos, Vítor IV, Pascoal III, Calisto II e Inocêncio III, apoiados por Frederico Barbarossa, que desejava a todo custo afirmar o controle imperial sobre o papado.

LÚCIO III (Lucca, 1181-1185). Ele também se viu em luta com Barbarossa pelos territórios de Matilde di Canossa, reivindicados por ambos. Precisou enfrentar a oposição da prefeitura de Roma, que o obrigou a residir fora da cidade durante grande parte do pontificado, tanto que morreu em Verona.

URBANO III (Milão, 1185-1187). Ex-arcebispo de Milão, sua eleição aconteceu em Verona, onde continuou a residir, porque nunca conseguiu estabelecer o controle sobre Roma. Não pôde cumprir com a intenção de excomungar Barbarossa, pois morreu de repente enquanto estava em Ferrara.

GREGÓRIO VIII (Benevento, 1187). Como cardeal, desenvolveu numerosas missões diplomáticas como legado pontifício, que o fizeram conhecer suas capacidades. Seu pontificado durou apenas 57 dias, mas conseguiu proclamar a terceira Cruzada, depois que o sultão Saladino conquistara Jerusalém.

CLEMENTE III (Roma, 1187-1191). Tomou esse nome para substituir o antipapa do fim do século XI. Em 1188, estipulou com o senado romano o Pacto de Paz, que permitia aos cidadãos que elegessem os cônsules e ao papa que nomeasse o governador. Conseguiu então retornar a Roma depois do exílio dos antecessores.

CELESTINO III (Roma, 1191-1198). Viu-se gerindo a relação delicada com Henrique VI, que aspirava à coroa imperial. Ele permitiu a coroação, mas continuou firme na defesa da autoridade papal. Apoiou a terceira Cruzada e encorajou os soberanos cristãos a reconquistar Jerusalém.

INOCÊNCIO III (Gavignano, 1198-1216). É sua a teoria "do sol e da lua", segundo a qual o papa exercitava o máximo poder espiritual e temporal. Para o trono da Germânia, de início, apoiou Otão IV, depois o excomungou e favoreceu Frederico II da Svevia. Em 1202, baniu a quarta Cruzada.

HONÓRIO III (Roma, 1216-1227). Aprovou a regra de São Domingos em 1216 e a de São Francisco em 1223. No plano político, apoiou Frederico II da Svevia na coroação imperial de 1220, encorajando-o a liderar uma expedição pela reconquista da Terra Santa com a quinta Cruzada.

GREGÓRIO IX (Anagni, 1227-1241). Excomungou o imperador Frederico II por não ter participado da Cruzada. Instituiu formalmente, em 1231, a Inquisição para combater a heresia dos cátaros e dos valdenses. Canonizou

Francisco de Assis em 1228, Antônio de Pádua em 1232 e Domingos de Gusmão em 1234.

CELESTINO IV (Milão, 1241). O Conclave que o elegeu foi caracterizado pela tensão entre os cardeais apoiadores do império e aqueles contrários a Frederico II, mas seu pontificado, que deveria ser de mediação e transição, durou apenas 16 dias; logo, não teve tempo de efetuar coisa alguma.

INOCÊNCIO IV (Lavagna, 1243-1254). Foi eleito na esperança de que se resolvesse a tensão entre o papado e o império. O conflito, contudo, se agravou, a ponto de o papa, em 1245, convocar o Concílio de Lyon I para excomungar Frederico II e declará-lo deposto. Promoveu missões na Ásia para difundir o cristianismo.

ALEXANDRE IV (Jenne, 1254-1261). Eleito em Nápoles, precisou gerir o conflito com Manfredo, filho ilegítimo de Frederico II, que buscava consolidar o controle sobre o Reino da Sicília e que foi excomungado em 1255. Valorizou os estudos de São Tomás de Aquino e de Santo Alberto Magno.

URBANO IV (França, 1261-1264). Patriarca latino de Jerusalém, foi escolhido como figura de consenso, pois era desconhecido ao Colégio Cardinalício. Apoiou Carlos de Anjou contra Manfredo da Sicília na candidatura ao trono da ilha. Em 1264, instituiu a festa do Corpus Christi.

CLEMENTE IV (França, 1265-1268). Depois da morte da esposa, foi ordenado sacerdote, em 1255, e nomeado cardeal-bispo de Sabina em 1261. Como papa, enfrentou desafios significativos, como o conflito com os Hohenstaufen e o apoio a Carlos I de Anjou na conquista do Reino da Sicília. É beato.

GREGÓRIO X (Piacenza, 1271-1276). Foi eleito depois de quase três anos de Conclave, enquanto estava em São João do Acre como capelão durante a nona Cruzada. Em 1274, convocou o Segundo Concílio de Lyon, que abordou os temas da união com a Igreja ortodoxa e da reforma do clero. É beato.

INOCÊNCIO V (França, 1276). Foi eleito na primeira votação, apesar dos conflitos entre os cardeais do partido romano e os do partido de Anjou da França. Nos poucos meses do pontificado, concentrou-se na preparação de uma nova Cruzada para recuperar a Terra Santa, firmemente nas mãos dos muçulmanos. É beato.

ADRIANO V (Gênova, 1276). Sendo notável sua habilidade diplomática, colocada à prova enquanto era legado pontifício na Inglaterra, foi eleito na esperança de que conseguisse gerir o prolongado período de forte instabilidade política. Contudo, infelizmente, seu pontificado durou apenas 38 dias.

JOÃO XXI (Portugal, 1276-1277). Por uma duplicação entre os papas e antipapas anteriores, o recém-eleito pulou o nome de João XX e passou diretamente para XXI.

Fomentou a reconciliação entre Rodolfo de Habsburgo e Carlos de Anjou. Morreu em Viterbo por causa da queda da abóbada do seu escritório no Palácio Papal.

NICOLAU III (Roma, 1277-1280). Sua intenção política principal foi a afirmação do papel de liderança do pontífice sobre os ordenamentos da Itália e do Mediterrâneo. Foi o primeiro papa a mudar a residência papal de Latrão para o Vaticano. Efetuou intervenções notáveis de restauração nas basílicas romanas.

MARTINHO IV (França, 1281-1285). A transcrição errada do nome dos papas Marinhos levou ao nome Martinho IV sem que tenha sequer existido Martinho II e Martinho III. Por causa da oposição dos romanos a um papa francês, precisou se estabelecer em Orvieto. Excomungou o imperador bizantino Miguel VIII, Paleólogo.

HONÓRIO IV (Roma, 1285-1287). Eleito por unanimidade, foi gratificado pelos romanos com o cargo vitalício de senador de Roma. Importunaram-no com problemas políticos que não conseguiu resolver, como o conflito entre os partidários de Anjou e os aragoneses na Itália meridional e a organização da Cruzada promovida por Gregório X.

NICOLAU IV (Lisciano, 1288-1292). Foi eleito depois de dez meses de *sede vacante* e logo buscou manter boas relações com as famílias baroniais romanas, nomeando alguns membros como senadores. Foi um mecenas da arte não apenas em Roma, mas também em outras cidades do território pontifício.

CELESTINO V (Molise, 1294). Eleito quando era eremita em Abruzzo, depois de dois anos de *sede vacante*, promulgou o rito do Perdão em Áquila, mas se sentiu inadequado para governar na Cátedra de Pedro. Renunciou ao trono e foi aprisionado pelo sucessor no castelo de Fumone, onde morreu em 1296. É santo.

BONIFÁCIO VIII (Anagni, 1294-1303). Seguiu na numeração o antipapa Bonifácio VII. Na bula *Unam sanctam*, afirmou o primado do poder espiritual sobre o temporal, mas veio a sofrer o atentado de Anagni pelos apoiadores do rei Felipe IV. Introduziu, em 1300, o primeiro Jubileu da história.

BENTO XI (Treviso, 1303-1304). Encontrou os caixas pontificiais vazios e precisou pedir empréstimos volumosos aos banqueiros florentinos. Empenhou muita energia na liderança do Estado da Igreja, também por via de governadores de confiança. Buscou, além disso, recuperar as forças das Ordens Mendicantes. É beato.

CLEMENTE V (França, 1305-1314). Eleito depois de onze meses de *sede vacante*, por causa das divisões entre cardeais franceses e italianos, foi coroado em Lyon e estabeleceu a sede papal primeiro em Poitiers e, depois, em Avignon. Pressionado pelo rei francês Felipe IV, o Belo, desfez a Ordem dos Templários.

JOÃO XXII (França, 1316-1334). Eleito depois de dois anos de *sede vacante*, consolidou a chamada "Papada de Avignon". Buscou reforçar a autoridade papal, mas entrou em conflito com o imperador Luís, o Bávaro, e o resultado foi a excomunhão recíproca, com a eleição do antipapa Nicolau V.

BENTO XII (França, 1334-1342). Iniciou a construção do Palácio dos Papas em Avignon. Durante seu pontificado, ocorreu a Guerra dos Cem Anos, na qual tentou em vão uma mediação entre França e Inglaterra quanto à reivindicação da coroa francesa por parte do rei inglês Eduardo III.

CLEMENTE VI (França, 1342-1352). Recém-eleito, reconheceu oficialmente a Custódia da Terra Santa, confiando-a à Ordem dos Frades Menores. Em 1350, proclamou o segundo Jubileu, estabelecendo essa celebração a cada cinquenta anos. Durante a peste bubônica, distinguiu-se por sua generosidade com os doentes.

INOCÊNCIO VI (França, 1352-1362). Buscou reduzir o luxo excessivo da corte papal em Avignon e enviou o cardeal Albornoz para a Itália a fim de restaurar a autoridade papal em diversas cidades rebeldes. Em 1360, contribuiu para a assinatura do Tratado de Brétigny, para a trégua entre França e Inglaterra.

URBANO V (França, 1362-1370). Em 1367, tentou levar a sede papal de volta para Roma, mas, em 1370, precisou retornar para Avignon devido às dificuldades políticas e as pressões do rei da França. Apoiou a cruzada de Pedro de Lusinhão, rei de Chipre, que, em 1365, conquistou a Alexandria do Egito. É beato.

GREGÓRIO XI (França, 1370-1378). Em 1377, devolveu para sempre a sede papal a Roma, depois de 68 anos de Papado de Avignon. Sua morte assinalou o início do Cisma do Ocidente, que até 1417 veria na Igreja do Ocidente a disputa entre papas e antipapas, dividindo a Europa cristã.

URBANO VI (Nápoles, 1378-1389). Suas decisões, como a obrigação dos cardeais de residirem em Roma, levaram alguns destes a nomear o antipapa Clemente VII, com sede em Avignon. Nesse clima hostil, em 1385, foi vítima também de uma conspiração, depois fracassada, para processá-lo e condená-lo à fogueira.

BONIFÁCIO IX (Nápoles, 1389-1404). No conflito com o antipapa Clemente VII, e a partir de 1394 com Bento XIII, conseguiu obter o apoio da Germânia, Inglaterra, Hungria, Polônia e grande parte da Itália. Celebrou dois Jubileus: o primeiro em 1390, organizado pelo antecessor, e o segundo, em 1400.

INOCÊNCIO VII (Sulmona, 1404-1406). Para restabelecer a ordem em Roma, onde os gibelinos haviam insurgido contra a sua eleição, precisou pedir ajuda ao rei Ladislau de Nápoles. Buscou resolver o Cisma, mas não conseguiu negociar com o antipapa Bento XIII e retomar a união entre os cardeais.

GREGÓRIO XII (Veneza, 1406-1415). Além de Bento XIII, viu-se enfrentando também o antipapa Alexandre V, eleito no Concílio de Pisa de 1409, e o sucessor, João XXIII. Em 1414, convocou o Concílio de Constança, que resolveu o Cisma com a renúncia dos três concorrentes ao trono papal.

MARTINHO V (Genazzano, 1417-1431). Foi eleito como personalidade de mediação durante o Concílio de Constança, que pôs fim aos quarenta anos d'O Grande Cisma do Ocidente. Dedicou-se à pacificação da Igreja e ao fortalecimento da autoridade papal, buscando também fazer mediações entre as potências europeias.

EUGÊNIO IV (Veneza, 1431-1447). Em 1433, fugiu de Roma e refugiou-se em Florença por causa de uma revolta popular. Entretanto, o Concílio de Basileia declarou a superioridade da assembleia sobre o papa, levando a uma crise que culminou, em 1439, com a eleição do antipapa Félix V (o duque de Saboia Amadeu VIII).

NICOLAU V (Sarzana, 1447-1455). Em 1449, acolheu a submissão de Félix V, tornando-o então cardeal. Reestruturou a basílica de São Pedro, fortificou o Castelo de Santo Ângelo e fundou a Biblioteca Vaticana. Em 1454, negociou o tratado Paz de Lodi, que pôs fim aos conflitos entre os principais Estados italianos.

CALISTO III (Espanha, 1455-1458). Empenhou-se na luta contra o império Otomano, que ameaçava a Europa cristã depois da queda da Constantinopla em 1453. Em 1456, iniciou uma Cruzada que conseguiu defender Belgrado, com a vitória de João Corvino e São João de Capistrano.

PIO II (Corsignano, 1458-1464). Está entre os principais humanistas do século XV e dedicou-se a defender a cristandade da ameaça representada pelas ambições expansionistas de Maomé II, o Conquistador. Morreu em 1464, em Ancona, justamente enquanto buscava organizar uma Cruzada contra os turcos.

PAULO II (Veneza, 1464-1471). Depois das crises anteriores, trabalhou para reformar a Cúria Romana e promoveu a arte e a cultura, mandando construir diversos monumentos em Roma. No âmbito político, esforçou-se para manter a independência do Estado pontifício, evitando as interferências das potências europeias.

SISTO IV (Celle Ligure, 1471-1484). Deve-se a ele a construção da Capela Sistina e da ponte Sisto no rio Tibre. Envolveu-se na Conspiração dos Pazzi, o complô contra os Médici em Florença, e recebeu muitas críticas por seu nepotismo, que favoreceu parentes como o futuro papa Giuliano della Rovere.

INOCÊNCIO VIII (Gênova, 1484-1492). Depois de ter tentado, em vão, organizar uma Cruzada, estipulou um tratado de paz com o sultão Bajazeto II. Condenou a bruxaria e autorizou a Inquisição a punir todos que nela estivessem envolvidos. Ele também foi criticado pelo favoritismo em relação a seus filhos ilegítimos.

ALEXANDRE VI (Espanha, 1492-1503). Está entre os papas mais controversos da História, pelo nepotismo e imoralidade que o caracterizaram (favorecia os filhos ilegítimos, Cesare e Lucrezia Borgia). Foi um hábil diplomata e mediou, entre outras coisas, as fronteiras das colônias da Espanha e de Portugal no Novo Mundo.

PIO III (Siena, 1503). Sobrinho de Pio II, foi eleito pela estima por sua formação jurídica e integridade moral. Seu pontificado durou apenas 26 dias, devido à sua frágil saúde, mas nesse breve período buscou promover a reforma da Igreja e combater o nepotismo.

JÚLIO II (Albisola, 1503-1513). Ganhou a alcunha de Papa Guerreiro, pois liderou pessoalmente algumas campanhas militares para recuperar territórios perdidos. Iniciou a reconstrução da Basílica de São Pedro e incrementou a Capela Sistina com o afresco do *Juízo Final* de Michelângelo.

LEÃO X (Florença, 1513-1521). Filho de Lourenço, o Magnífico, foi um grande mecenas da arte, encomendando obras a Rafael e Michelangelo. Em 1517, precisou lidar com a contestação de Martinho Lutero, que iniciou a Reforma Protestante, excomungando-o em 1521 por heresia.

ADRIANO VI (Holanda, 1522-1523). Foi o último papa não italiano até Karol Wojtyla. Teólogo de grande prestígio, seu governo se deu em plena Reforma Protestante e em meio a tensões políticas na Europa. Por sua austeridade, não foi amado pela Cúria, na época acostumada às festividades renascentistas.

CLEMENTE VII (Florença, 1523-1534). Buscou, em vão, manter a independência do Estado Pontífice em um período de conflito entre o império de Carlos V e o reino da França, tanto que, em 1527, ocorreu o trágico Saque de Roma, pelos lansquenetes, que devastaram a cidade, obrigando-o a fugir.

PAULO III (Canino, 1534-1549). Em 1540, aprovou a Ordem dos Jesuítas, fundada por Santo Inácio de Loyola, e em 1545 deu início ao Concílio de Trento (que durou até 1563), convocado para responder aos desafios da Reforma Protestante, que provocou, em seguida, uma Contrarreforma da Igreja católica.

JÚLIO III (Roma, 1550-1555). Em 1º de maio de 1551, reabriu o Concílio de Trento (suspenso desde 1549), mas precisou interrompê-lo em 28 de abril de 1552 devido à ameaça de uma guerra entre Carlos V e Henrique II. Instituiu um tribunal da Inquisição em cada Cúria episcopal, muitas vezes liderado por um dominicano.

MARCELO II (Montefano, 1555). Teoriza-se que ele convocou uma conferência de paz entre os soberanos e começou uma reorganização radical da Cúria Romana, mas os somente 22 dias de duração do seu pontificado impediram todas as iniciativas. Giovanni Pierluigi da Palestrina lhe dedicou a *Missa papae Marcelli*.

PAULO IV (Capriglia, 1555-1559). Em 1555, aliou-se com Henrique II contra Felipe II, para libertar o sul da Itália do domínio espanhol, mas, em 1557, o tratado Paz de Cave manteve o *statu quo*. Em 1558, promulgou o primeiro *Índice dos livros proibidos*, relativo às obras contrárias à doutrina católica.

PIO IV (Milão, 1559-1565). Convocou novamente e levou ao fim o Concílio de Trento, iniciando a atuação dos decretos na Igreja. Publicou uma versão menos rigorosa do *Índice dos livros proibidos* e deu início à compilação do Catecismo Romano e à revisão do Breviário e do Missal.

PIO V (Bosco Marengo, 1566-1572). De caráter rigoroso, dedicou-se à aplicação integral dos decretos do Concílio de Trento e à reforma geral da Igreja e do clero romano. Nomeou uma comissão de cardeais e de especialistas para realizar uma edição corrigida da Bíblia em latim. É santo.

GREGÓRIO XIII (Bolonha, 1572-1585). Promulgou o calendário gregoriano, resolvendo, com algumas correções, o desalinhamento com o calendário juliano. Levou ao fim a reforma do direito canônico e se opôs à rainha Elisabete I, que havia reintroduzido o protestantismo na Igreja inglesa.

SISTO V (Grottammare, 1585-1590). Realizou com sucesso a reorganização das péssimas finanças do Estado. Fixou em setenta o número máximo de cardeais e deu vida a quinze congregações de Cúria: seis para a administração dos negócios e nove para as questões espirituais.

URBANO VII (Roma, 1590). Com apenas 13 dias de pontificado, é o papado mais curto da história. Eleito por sua formação qualificada em direito canônico e pela carreira curial respeitada, foi castigado pela malária, e sua morte, lamentada pelos romanos, aos quais havia prometido menos impostos.

GREGÓRIO XIV (Somma Lombarda, 1590-1591). Finalizou, finalmente, o texto oficial da Bíblia Vulgar. Precisou lidar com uma grave carestia, pela qual gastou cem mil escudos do tesouro pontífice, e com uma epidemia de peste, à qual respondeu com a abertura de alguns lazaretos.

INOCÊNCIO IX (Bolonha, 1591). Uma preocupação sua foi reintegrar os fundos do tesouro do Castelo de Santo Ângelo, estabelecendo especialmente um limite aos gastos militares. Morreu de constipação, em 21 de dezembro, enquanto realizava a peregrinação tradicional pelas sete igrejas de Roma.

CLEMENTE VIII (Fano, 1592-1605). Em 1592, ordenou a publicação de uma nova edição da Vulgada, chamada de Clementina. Aprovou a condenação de Giordano Bruno, por heresia, e de Beatrice Cenci, por parricídio. Empenhou-se na repressão ao *brigantaggio*, que aterrorizava os territórios da Igreja.

LEÃO XI (Florença, 1605). Durante os poucos 27 dias do seu pontificado, conseguiu se ocupar apenas do apoio aos Habsburgos na guerra da Hungria contra o sultão

Solimão, o Magnífico. A constipação que o levou à morte o atingiu durante a tomada de posse de São João de Latrão.

PAULO V (Roma, 1605-1621). Mandou construir uma capela Paulina em São Pedro e em Santa Maria Maior. Empenhou-se a favor das atividades missionárias na América, Ásia e África. Durante seu pontificado, o Santo Ofício condenou o sistema copernicano e repreendeu Galileu Galilei.

GREGÓRIO XV (Bolonha, 1621-1623). Promulgou a reforma do Conclave que até 1904 guiou as eleições do papa e permitia três possibilidades: votação secreta, com a obrigação de dois terços dos votos; acordo, feito entre alguns cardeais designados; e aclamação, sem acordos preestabelecidos.

URBANO VIII (Florença, 1623-1644). Iniciou a reforma do clero e dos seminários e potencializou a Inquisição, na época em que se celebrou o processo contra Galileu Galilei. Foi um bom diplomático e conseguiu incorporar o ducado de Urbino ao Estado Pontifício, mas pôs em crise o fisco por causa das despesas militares.

INOCÊNCIO X (Roma, 1644-1655). Recém-eleito, conseguiu alcançar um acordo com a família Farnese, de forma a pôr fim à Guerra de Castro, desejada pelo antecessor, que estava de olho naquele território. Apesar dos caixas vazios, restaurou a praça Navona e construiu o palácio Pamphilj.

ALEXANDRE VII (Siena, 1655-1667). Opôs-se ao jansenismo, que apoiava a predestinação à salvação ou à perdição. Nos conflitos com Mazzarino e Luís XIV da França, foi obrigado a aceitar um acordo. Mandou construírem a colunata da praça São Pedro e a Biblioteca Alexandrina.

CLEMENTE IX (Pistoia, 1667-1669). Apoiou, em vão, a guerra conduzida pelos venezianos contra os turcos em Cândia, que ocorreu em 1669. Promoveu uma administração financeira sábia, com a livre circulação dos grãos, a abolição do imposto sobre os grãos triturados e ações a favor da indústria da lã.

CLEMENTE X (Roma, 1670-1676). Financiou o exército liderado por João Sobieski, que resistia às tentativas do sultão Maomé IV de invadir a Polônia, aumentando, contudo, a dívida do Estado. Introduziu a regulamentação das relíquias, para autenticá-las antes de expô-las à devoção dos fiéis.

INOCÊNCIO XI (Como, 1676-1689). Empenhou-se na moralização dos costumes tanto eclesiásticos quanto laicos. Entrou em conflito com o rei francês Luís XIV por sua pretensão de instaurar uma Igreja nacional desvinculada daquela de Roma. Ele também apoiou o rei polaco Sobieski. É beato.

ALEXANDRE VIII (Veneza, 1689-1691). Uma tratativa com Luís XIV levou à restituição de Avignon e do condado Venassino, que o rei francês havia ocupado no momento da ruptura com Inocêncio XI. Era atento às dificuldades da população e aliviou a opressão fiscal. Morreu de gangrena.

INOCÊNCIO XII (Spinazzola, 1691-1700). Promulgou uma bula contra o nepotismo e dedicou atenção à administração da caridade. Reformou os tribunais, para pôr fim aos conflitos de jurisdição, e, a cada duas semanas, às segundas-feiras, recebia os cidadãos romanos que pediam justiça.

CLEMENTE XI (Urbino, 1700-1721). Diante do retorno do jansenismo na França, no Consistório de 1716, reafirmou o primado do magistério papal. Interveio economicamente em diversas calamidades: transbordamento do Tibre (1702), terremoto (1703), seca (1706), peste bovina (1713) e carestia (1718).

INOCÊNCIO XIII (Poli, 1721-1724). Como o antecessor, emitiu alguns decretos sobre o comércio de grãos e de tecidos. A irrelevância diplomática da figura do papa foi demonstrada pelo fato de que a França e a Espanha estipularam tratados com a Inglaterra sem o consultar, provocando assim sua ira.

BENTO XIII (Gravina, 1724-1730). Foi muito rigoroso ao lidar com os jansenistas e obteve a submissão do arcebispo de Paris. Construiu boas relações com o imperador Carlos VI e o soberano Vítor Amadeu II de Saboia, ao passo que teve dificuldades com o rei João V de Portugal.

CLEMENTE XII (Florença, 1730-1740). Em 1738, emitiu uma condenação solene da maçonaria. Para amortecer o déficit financeiro, reintroduziu o jogo de loteria com nove sorteios anuais na cidade de Roma. Efetuou no palácio do Quirinal trabalhos notáveis, confiados ao arquiteto Ferdinando Fuga.

BENTO XIV (Bolonha, 1740-1758). Ex-arcebispo de Ancona e, posteriormente, de Bolonha, foi eleito depois de seis meses de Conclave e 255 votações. Empenhou-se para revigorar as instituições eclesiásticas, estipulou vários concordados (Sardenha, Nápoles, Espanha, Portugal...) e aprovou um novo *Índice dos livros proibidos*.

CLEMENTE XIII (Veneza, 1758-1769). Repropôs com firmeza os temas da Contrarreforma de Trento. Oficializou o culto do Sagrado Coração de Jesus e agiu em favor dos jesuítas, despachados para diversas nações. Condenou o Iluminismo e obras como *Encyclopédie*, de Diderot e d'Alembert, e *l'Émile*, de Rosseau.

CLEMENTE XIV (Sant'Arcangelo de Romagna, 1769-1774). Em 1773, extinguiu a Companhia de Jesus, por solicitação de vários soberanos. Iniciou o projeto do museu Pio-Clementino, encarregando o historiador da arte Johann Winckelmann de reunir as estátuas antigas. É uma lenda sua morte por envenenamento.

PIO VI (Cesena, 1775-1799). Amante da arte, inaugurou o museu idealizado pelo antecessor e acolheu em Roma o escultor Canova e o pintor David. Buscou, com pouco sucesso, limpar o pântano de Pontine. Preso durante a invasão francesa de Roma, foi deportado para Valença e morreu encarcerado.

PIO VII (Cesena, 1800-1823). Em 1804, dirigiu-se a Paris para coroar imperador Napoleão Bonaparte, o qual, contudo, em 1809, mandou prendê-lo e levá-lo para a França. Colocado em liberdade em 1814, durante o Congresso de Viena de 1815, reobteve quase integralmente os territórios do Estado Pontifício.

LEÃO XII (Genga, 1823-1829). Reformou a instrução pública sob o controle de uma Congregação dos Estudos e devolveu aos jesuítas o Colégio Romano. Finalizou um plano de reforma da estrutura das paróquias romanas. Ordenou a decapitação dos conspiradores Targhini e Montanari.

PIO VIII (Cingoli, 1829-1830). Buscou resolver os problemas socioeconômicos da época, concedendo uma anistia e adotando o congelamento dos aluguéis e lançando novas obras públicas para atenuar o desemprego. Condenou as sociedades bíblicas protestantes que traduziam a Bíblia para a língua corrente.

GREGÓRIO XVI (Belluno, 1831-1846). Quando foi eleito, aproximava-se uma revolta popular contra o governo pontífice, suprimida apenas após a intervenção austríaca. Os conflitos diplomáticos com países como Prússia, Espanha, Portugal e Rússia não beneficiaram a sua política.

PIO IX (Senigallia, 1846-1878). Mesmo tendo aprovado uma constituição, em 1849, precisou abandonar Roma, onde foi proclamada a República. Retornou à cidade no ano seguinte, buscando, em vão, evitar a ocupação da cidade, que ocorreu em 1870. Convocou o breve Concílio Vaticano I. É beato.

LEÃO XIII (Carpineto Romano, 1878-1903). Em 1891, publicou a encíclica sobre a doutrina social *Rerum novarum*. Suas tentativas de conciliação com o Reino da Itália não tiveram um final feliz – nem mesmo com outras nações europeias, onde o anticlericalismo crescia –, e as relações diplomáticas foram escassas.

PIO X (Riese, 1903-1914). Depois de anos de rejeição, consentiu a presença de políticos católicos nas eleições. Com a encíclica *Pascendi*, em 1907, condenou a doutrina do modernismo, que pretendia adequar a doutrina às exigências do mundo. Iniciou a elaboração do Código de Direito Canônico. É santo.

BENTO XV (Gênova, 1914-1922). Buscou, inutilmente, evitar a Primeira Guerra Mundial, a qual definiu como "uma matança inútil". Projetou um catecismo universal, que, contudo, não foi adiante, e se empenhou em fomentar a atividade missionária. Em 1915, instituiu a Jornada Mundial do Migrante e do Refugiado.

PIO XI (Desio, 1922-1939). Estipulou, em 1929, os Pactos Lateranenses com a Itália de Mussolini e, em 1933, a Concordata com a Alemanha de Hitler. Opôs-se tanto ao nazifascismo quanto ao comunismo, mas não conseguiu fazer nada para evitar a Segunda Guerra Mundial. Fundou, com Marconi, a Rádio Vaticano.

PIO XII (Roma, 1939-1958). Eleito enquanto se iniciava a guerra, fomentou a atividade assistencial em favor das populações civis e dos prisioneiros. Depois da libertação de Roma em 1944, foi aclamado como "defensor da cidade". Em 1950, proclamou o dogma da Assunção de Nossa Senhora ao céu.

JOÃO XXIII (Sotto il Monte, 1958-1963). Iniciou o Concílio Vaticano II e o sínodo da diocese de Roma. Tiveram também uma grande repercussão, não apenas dentro da Igreja, as encíclicas *Mater et magistra* [Mãe e mestre] de 1961 sobre a doutrina social e *Pacem in terris* de 1963 sobre a paz. É santo.

PAULO VI (Concesio, 1963-1978). Finalizou o Vaticano II. Com o patriarca Atenágoras, revogou as excomunhões recíprocas de 1054 entre Roma e Constantinopla. Criou a polêmica encíclica de 1968 *Humanae vitae* [Sobre a vida humana], relativa ao controle natural dos nascimentos. É santo.

JOÃO PAULO I (Forno di Canale, 1978). Primeiro papa a assumir um nome duplo, explicou que o fez para resumir a herança de seus dois antecessores imediatos. Inaugurou uma relação coloquial com os fiéis, provocando até alguns questionamentos quando falou de Deus "pai e mãe". É beato.

JOÃO PAULO II (Polônia, 1978-2005). Desde o início do pontificado, se empenhou na "nova evangelização" em vista do terceiro milênio cristão. Convocou o Jubileu de 2000 e publicou, em 1983, o novo Código de Direito Canônico e, em 1992, o Catecismo da Igreja Católica. É santo.

BENTO XVI (Alemanha, 2005-2013). Eleito depois de ter sido o principal consultor teológico do antecessor, ocupou-se mais do ensinamento doutrinal do que do governo da Igreja. Foi o primeiro papa, após séculos, a renunciar à Cátedra de Pedro, provocando muitas polêmicas.

FRANCISCO (Argentina, 2013-2025). Foi o primeiro papa latino-americano da História e também o primeiro a se chamar Francisco. Seu pontificado se desenvolveu sob a bandeira da misericórdia e da defesa de toda a categoria de pobres. Esforçou-se muito na promoção do diálogo ecumênico e inter-religioso.

Os antipapas

HIPÓLITO (Roma, 217-235).
NOVACIANO (Roma, 251).
HERÁCLIO (pátria e datas ignoradas).
FÉLIX II (Roma, 355-365).
URSINO (Roma, 366-367).
EULÁLIO (pátria ignorada, 418-419).
LOURENÇO (pátria ignorada, 499-506).
DIÓSCORO (Egito, 530).
TEODÓRO (Roma, 687).
PASCOAL (Roma, 687).
COSTANTINO (II) (Nepi, 767-768).
FILIPE (Roma, 768).
JOÃO (Roma, 844).
ANASTÁCIO, O BIBLIOTECÁRIO (Roma, 855-878).
CRISTÓVÃO (Roma, 903-904).
BONIFÁCIO VII (Roma, 974-984).
JOÃO XVI (Rossano, 997-998).
GREGÓRIO (Roma, 1012).
BENTO X (Roma, 1058-1059).
HONÓRIO II (Verona, 1061-1064).

CLEMENTE III (Parma, 1080-1100).
TEODORICO (Albano, 1100).
ALBERTO (Sabina, 1101).
SILVESTRE IV (Roma, 1105-1111).
GREGÓRIO VIII (França, 1118-1121).
CELESTINO II (Roma, 1124).
ANACLETO II (Roma, 1130-1138).
VÍTOR IV (Ceccano, 1138).
VÍTOR IV (Montecelio, 1159-1164).
PASCOAL III (Crema, 1164-1168).
CALISTO III (Struma, 1168-1178).
INOCÊNCIO III (Sezze, 1179-1180).
NICOLAU V (Corvaro, 1328-1330).
CLEMENTE VII (Suíça, 1378-1394).
BENTO XIII (Espanha, 1394-1422).
ALEXANDRE V (Creta, 1409-1410).
JOÃO XXIII (Nápoles, 1410-1415).
FÉLIX V (França, 1439-1449).

Acreditamos
nos livros

Este livro foi composto em Baskerville Pro e impresso pela Gráfica Santa Marta para a Editora Planeta do Brasil em junho de 2025.